Lieber Tati

Zu Deinem Geburtstag

ein ganz „frisches" Buch

für Deine (seltenen)

gemütsamen Stunden ...

Dir alles Gute + viel Freude!

Herzlichst
Di Ki + Ingrid

Basel, 18. Dezember 1999

Geheimnisvolles Basel

Kurt Derungs

Geheimnisvolles Basel

Heiligtümer und Kultstätten im Dreiland

Mit Beiträgen von
Anne-Käthi Zweidler-Maegli
und Walter Eichin

edition amalia

Derungs, Kurt:
Geheimnisvolles Basel.
Heiligtümer und Kultstätten im Dreiland.
Bern 1999
ISBN 3-905581-09-4

1999

© edition amalia, Stadtbachstrasse 46, CH-3012 Bern
Herstellung: Lang Druck AG, Bern

Inhalt

Einleitung   7
Kurt Derungs

Mythen und Mysterien in den heiligen Hügeln von Basel   9
Anne-Käthi Zweidler-Maegli

    Die Suche nach dem Nabel von Basel   10
    Vogel Gryff und die Mysterienspiele   13
    Das Rad des Lebens   16
    Die heiligen Frauen der Peterskirche   19
    Heilige Hügel um Basel   22
    Der Wilde Mann   24
    Eine Wette um die Maibraut   27
    Heilige Hochzeit auf dem Münsterplatz   30
    Die Wende zum Schnitterfest   34
    Eine glückliche Jenseitsreise   35
    Königin Bertha und die heilige Ursula   37
    Der Lällenkönig   40

Das Belchen-System   43
Walter Eichin

Die Weisse Göttin von Basel   54
Kurt Derungs

    Belena und Belaka im Belchensystem   55
    Die Weisse Göttin in Basel – die Schlange und das Ei   68
    Der Münsterhügel – ein heiliger Hain   78
    Das kosmische Ei der Weissen Göttin   83
    Die Weisse Göttin in der Dreiheit   97
    Das kosmische Ei im Brauchtum   109
    Die Weisse Göttin von Augst   113
    Die Weisse Göttin von Arlesheim und Mariastein   128
    Das Sternbild der Weissen Göttin   135

Anmerkungen   140

Kurt Derungs

Einleitung

Schon sehr früh am Morgen begab ich mich zum Basler Münster. Auf dem Platz standen bereits einige Leute, und da es noch nicht hell war, schritt ich hinter das Münster zur Plattform. Still und ruhig war die Umgebung, und an dem kleinen Gemäuer angekommen, sah ich ebenfalls das stille und ruhige Fliessen der breiten Wasserader. Der Rhein schob sich von Osten her auf mich zu und drehte am Münsterhügel mächtig gegen Norden hin ab, bis er am Horizont in die Ewigkeit eintauchte. Ich löste mich nach einigen Minuten von diesem Bild und fragte mich: „Welche Kräfte kommen hier am Münsterhügel zusammen?" Nach diesem Erlebnis kehrte ich schnell zum Eingangsplatz des Münsters zurück, doch welche Überraschung, es wartete am Tor schon eine kleine Menschenansammlung um Einlass. Es war wieder einmal der 21. Juni, und wiederum hatte sich der „Hausherr", der uns öffnete, in der Anzahl der wartenden Menschen getäuscht. Man grüsste und gesellte sich zu einigen bekannten Gesichtern. Doch eigentlich wollten alle so schnell wie möglich in die Krypta. Nicht unbedingt zur Anna und Maria, die dort an die Decke und an die Wände gemalt sind, sondern eher zu den Stuhlreihen mit Aussicht auf die kleinen Fenster. Die Krypta füllte sich noch und noch mit Menschen, und plötzlich wurde es still. Durch das gegen Nordosten gerichtete Fenster schienen die ersten Sonnenstrahlen in den dunklen Raum, und wenig später erhellten kräftige Strahlen die Krypta des Münsters, die jetzt wie in einem wunderbaren leuchtenden Kerzenlicht erschien.

Ich hatte an diesem 21. Juni gleich zwei landschaftsmythologische Erlebnisse. Einmal war dies der Sonnenaufgang an Mittsommer, auf den das Basler Münster in seiner Längsachse genau ausgerichtet ist. Damit verbunden war in vorchristlicher Zeit ein heiliges jahreszeitliches Ritual, das später mit Johannes in Verbindung gebracht wurde, so wie an Mittwinter heute die Geburt Jesu gefeiert wird. Das zweite mythologische Erlebnis war ebenfalls sehr naturverbunden. Von der Münsterplattform aus erkennen wir den Rhein als grosse lebenspendende Wasserschlange, die in vielen Kulturen als heiliger Drache dargestellt und verehrt wird. So ist es beispielsweise nicht verwunderlich, vor dem Aufgang zum Münsterchor auf dem Fussboden einen schönen Drachen zu entdecken, der in symbolhafter Art und Weise die örtlichen Wasserkräfte und die mächtige Schlange Rhein versinnbildlicht.

Und dies alles in Basel – ein mythologischer Ort? Basel ist mehr als Industrie, Schiffahrt und Verkehrsknoten. Durch die Geschichte hindurch gelangen wir an diesem Ort zu archaischen Schichten, die uns eine landschaftsmythologische Tradition erzählen. Die Landschaft und die besonderen Plätze berichten mythologische Spuren einer ehemaligen Kosmologie, die sich auf dem Münsterhügel, auf den umliegenden Hügeln Chrischona, Odilie-Tüllingen, Margarethen oder weit über die Region hinaus in Augst wiederentdecken lässt. Und sogar mit den Belchen- und Blauenbergen in den Vogesen, im Schwarzwald und im Jura ist die bedeutende Stätte Basel vernetzt. Dieses landschaftsmythologische System reicht also weit über die Grenzen hinaus bis zum Petit Ballon, nach Arlesheim oder nach Mariastein.

Somit beschreibt „Geheimnisvolles Basel" den vielschichtigen Ort selbst; man beachte nur einmal die astronomische Ausrichtung der verschiedenen Kirchen. Andererseits bezieht es immer wieder Landschaften zwischen Schwarzwald, Vogesen und Jura mit ein. Zudem möchte mein längerer Beitrag zeigen, wie an einem umfassenden Thema systematisch und erkenntnisreich landschaftsmythologisch gearbeitet werden kann. Das dies die bisherigen Denkkategorien und Lehrmeinungen überschreitet, versteht sich von der Sache her von selbst, da Landschaftsmythologie nur fachübergreifend betrieben werden kann.

Vorgestellt wird ein Beitrag von Anne-Käthi Zweidler-Maegli, die sich besonders mit den Plätzen und der Ausrichtung der Kirchen in Basel beschäftigte. Ihren Einzelentdeckungen verdanke ich zahlreiche Mosaiksteine, und es kam zu anregenden Gesprächen und Ortsbegehungen. Walter Eichin wiederum gilt als einer der Entdecker des Belchen-Systems, und es war mir ein Anliegen, die grundlegenden Gedanken zu diesem komplexen, astronomischen Bergsystem zu veröffentlichen. Mit meinem abschliessenden Beitrag greife ich teilweise die vorausgehenden Gedanken nochmals auf, bringe jedoch die historisch-kritische Methode der kulturgeschichtlichen Landschaftsmythologie mit ein, die wesentlich auch die Göttin-Kultur einer Landschaft berücksichtigt, sowie die gesellschaftlichen Bedingungen rückschliesst. Wesentlich wirken hier auch die weiterführenden Bücher „Mythologische Landschaft Schweiz" und „Mythologische Landschaft Deutschland", die in den Anmerkungen aufgeführt sind. In diesem Sinne ist das vorliegende Buch ein landschaftsmythologischer Anfang in der Region Basel. Aber auch eine Anregung und Einladung, sich mit der Kulturgeschichte in der eigenen Region und in Mitteleuropa zu beschäftigen, was eine persönliche und geschichtliche Bereicherung ist.

Anne-Käthi Zweidler-Maegli

Mythen und Mysterien in den heiligen Hügeln von Basel

Als Kind ging ich einmal mit meiner Tante, als ich Zahnschmerzen hatte, zum „Zähndweh-Chappeli". Es war bloss ein kleines Bildstöckchen ausserhalb des Dorfes. Die Madonna im Bildstöckchen, liebreizend und naiv von einem unbekannten Barockkünstler gemalt, hatte so dicke Wangen, als ob sie selber Zahnweh hätte. Dazu lächelte sie mir scheinbar aufmunternd zu, dass ich felsenfest davon überzeugt war, dass jetzt die Zahnschmerzen aufhören würden – und schon auf dem Rückweg durfte mir die Tante mit einem kleinen Ruck den losen Milchzahn von Hand ziehen; die Zahnweh-Muttergottes hatte geholfen. Seither wusste ich, dass für spezielle Anliegen nicht der Heiland in der Dorfkirche zuständig war, sondern die Heiligen in den umliegenden Kapellen. Für jedes Problem gibt es ausserhalb der Dörfer spezielle kleine Wallfahrtsorte. Das Heilende oder das Heilige ist also nicht irgendwo und irgendwann zu erlangen, sondern an einem bestimmten Ort.

Mit dieser Erfahrung der Jugendzeit machte ich mich nun als erwachsene Frau auf die Suche nach den heiligen Orten in meiner Umgebung, in Basel und der Regio. Vor allem interessierte mich, ob Orte bereits in vorchristlicher Zeit verehrt wurden. Das ist im reformierten Basel gar nicht so einfach, da sich hier die Volksfrömmigkeit während den letzten fünfhundert Jahren auf die Pfarrkirchen und Sonntagspredigten beschränken musste. Trotzdem fing ich an, Hinweise auf christliche und vorchristliche Kultplätze zu sammeln. Ich überprüfte, in welchem Zusammenhang sie zueinander stehen könnten und welche Ausrichtung die Kirchen heute noch aufweisen. Die astronomische Ausrichtung des Chores einer alten Kirche kann einen Hinweis darauf geben, welche Heiligen bzw. welche Kräfte im Jahreslauf dort speziell verehrt wurden.

Dabei machte ich eine sonderbare Entdeckung. Drei der ältesten Basler Kirchen sind heute noch so ausgerichtet, dass die Sonne genau hinter dem mittleren Chorfenster aufgeht. Diese Kirchen bilden demnach eine Art Festkalender. Sie sind genau in der richtigen Reihenfolge in einem offenen Kreis angeordnet. Dies kann kein Zufall sein. Diese Entdeckung ermunterte mich, den Festkalender der heiligen Orte in Basel herauszufinden.

Die Suche nach dem Nabel von Basel

Die Landschaft rund um Basel ist als Dreiland oder auch Dreiländerecke bekannt. Diese Namen beziehen sich vor allem auf die heutigen politischen Landesgrenzen am Oberrhein: Deutschland, Frankreich und die Schweiz. Doch auch die Landschaft wird von der Zahl Drei geprägt, nämlich von den markanten Bergzügen Jura, Schwarzwald und Vogesen, die die gesamte oberrheinische Tiefebene umrahmen. Wenn wir von dieser Vogelschau aus näher an das Rheinknie herangehen, so finden wir ein weiteres Dreieck, das sogenannte Belchendreieck. Die Ecken dieses Dreiecks werden von drei Bergen gebildet mit dem Namen Belchen, französisch Ballon. Diese Belchenberge sind möglicherweise nach dem keltischen Sonnengott Belenos benannt, denn sie bilden zusammen eine Art natürlicher Sonnenkalender in der Landschaft. Vom Schweizer- oder Jurabelchen aus sieht man die Sonne zur Sommersonnwende genau hinter dem Ballon d'Alsace untergehen. Vom Ballon d'Alsace aus sieht man die Sonne zu den Tag-und-Nachtgleichen im Frühling und Herbst genau über dem Badischen Belchen aufgehen. Und umgekehrt sieht man natürlich vom Badischen Belchen aus die Sonne an den Tag- und Nachtgleichen hinter dem Ballon d'Alsace verschwinden. Und zur Wintersonnwende steigt die Sonne hinter dem Jurabelchen hoch.

Dieses Belchendreieck wurde von drei „spinnigen" Männern (wieder)entdeckt. Denn obschon die Astro-Archäologie in Fachkreisen einen denkbar schlechten Ruf als eine unpräzise Populärwissenschaft geniesst, wagten es die drei Männer, sich mit diesem Belchensystem näher zu befassen und es noch massgeblich zu erweitern. Der erste Entdecker war Walter Eichin, der Typus von einem Schwarzwälder Schulmeister, wie er im Buche steht. Inspiriert wurde er durch die Belchen-Schwärmerei von Johann Peter Hebel. Der zweite Belchenforscher ist der Germanistik-Professor Mathias Feldges. Obschon er Basler Regierungsrat wurde, scheute er sich nicht, in Vorträgen über seine – damals noch eher belächelten – Entdeckungen rund um das Belchensystem zu erzählen. Er gewann damit den dritten Belchenforscher, den damaligen Kantonsarchäologen Rolf d'Aujourd'hui, der inzwischen die Lage vieler eisenzeitlicher Siedlungen und Gräber, sowie den Stadtplan von Augusta Raurica auf das Belchensystem zurückführt. Rolf d'Aujourd'hui bringt damit die wichtigsten Kultstätten sowie die gallo-römische Feldvermessung der Regio am Oberrhein in Zusammenhang mit dem Sonnenaufgang am längsten Tag des Jahres. Die wichtigsten öffentlichen Kultgebäude in Augusta Raurika und Basel waren und sind auf die Sommersonnwende ausgerichtet. Die Jupitertempel und Heerstrassen, Foren, Fürstengräber, Bischofssitz und Basler Münster gehören somit zum räumlichen und zeitlichen Höhe- und Mittelpunkt des Sonnenjahres.

Doch wo sind die Kultplätze, die sich auf die Erde und den Kosmos beziehen? Die Menschen am Oberrhein haben nicht nur der Sonne und deren weltlichen Stellvertretern, also den Kaisern, Bischöfen und Heerführern auf den Belchenbergen, in den Tempeln und Kathedralen gehuldigt. Die einfachen Leute verehrten zu allen Zeiten auch die Erde, die Landschaft, das Wasser und die dunkle Zeit mit den langen Nächten, sie hiessen den Frühling willkommen und dankten für die Ernte im Herbst. Die Frauen und Männer in und um Basel liebten zwar bestimmt die pompösen Feiern der jeweiligen Machthaber auf den jeweiligen Mittsommer-Kultplätzen. Doch bestimmt genauso wichtig waren Kultplätze und Kräfte, die den Menschen Hilfe und Trost spendeten. Aber wo befanden sich diese Kultplätze? Wo waren die Orte, an denen Mütter ihre toten Kinder der Erde zurückgaben? Wo gab es Orakel, um einen Blick in die Zukunft zu wagen? Welche Brunnen oder Quellen galten als heilkräftig? Wo beteten die Baslerinnen um eine leichte Geburt? Wo fanden verstorbene Ahnen den Frieden? Wo wurden Ehen geschlossen oder Verträge ausgehandelt? Und wie hingen diese heiligen Orte in der Landschaft zusammen? Gibt es auch dafür eine Art System, eine innere Ordnung? Gab es einen Omphalos, einen Nabel wie in einer antiken Stadt, einen Mittelpunkt für das ganze System? Ich machte mich auf die Suche.

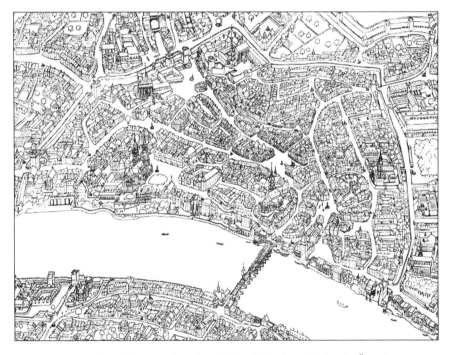

Basel mit Stadtkern um das Jahr 1615 (nach Matthäus Merian der Ältere)

Die frühesten uns bekannten Mythen beziehen sich auf die Erde als göttliches Wesen. Eine Erdgöttin manifestierte sich insbesondere in auffälligen Steinen oder Meteoriten, in Höhlen und Bergen, in Quellen und Flüssen, Tieren und Pflanzen. All dies galt grundsätzlich als heilig und der Mensch durfte es höchstens nutzen, um sein Leben zu erhalten. Meist musste er vor dem Töten eines Tieres dessen Erlaubnis einholen (noch die römischen Opfertiere mussten mit Kopfnicken ihre

Bereitschaft signalisieren) oder sich beim Baum entschuldigen, den er fällen wollte. Auch die Landschaft in und um die heutige Stadt Basel muss einmal göttlich oder ein Abbild der Göttin gewesen sein. Die drei blauen Bergketten Jura, Vogesen und Schwarzwald trugen teilweise noch in römischer Zeit die Namen ihrer Göttin (Aericura/Vosegus und Abnoba). In der Ebene mäandriert das silberne Band des Rheines, dessen alte, gallo-römische Bezeichnung Rhenus vom Landschaftsmythologen Kurt Derungs auf einen Göttinnamen zurückgeführt wird. Die grossen Flüsse waren die Lebensadern. In der Region Basel kommt der Rhein von Osten her, genau wie das neue Licht des Tages. Oft sieht es in den dunstigen Morgenstunden am Rhein so aus, als würde die Sonne golden aus Wasser und Nebel aufsteigen. Der markante Münsterhügel wirkt, als würde er sodann den schnellen Fluss nach Norden abbiegen. Doch auch die Geschiebe der Flüsse Birs und Wiese trugen dazu bei, dem Rhein sein heutiges Knie zu geben. Doch kurz nach der St. Johannsbrücke weitet er sich in seiner Ebene, fliesst deutlich langsamer und macht den Anschein, als verlöre er sich in der Unendlichkeit des Nordens. Womit wir ganz nah beim mythologischen Totenreich sind. Einer der Eingänge zu diesem Totenreich war der Isteiner Klotz. Als ein markanter Felsenriegel schob er sich in die liebliche Flusslandschaft, etwa 10 Kilometer von Basel rheinabwärts. Archäologische Funde lassen vermuten, dass seine Umgebung bereits in der Jungsteinzeit (4. Jahrtausend v.Chr.) besiedelt war. Unterhalb der ehemaligen Felsenkapelle (1947 wurde die ganze ehemalige Klotzen-Festung leider gesprengt) lag eine Wiese namens „Totengrien". Dort schwemmte der Rhein die Ertrunkenen an, die dann im Felsenfriedhof ihre letzte Ruhestätte fanden. Romantische Sagen berichten, dass selbst Tote aus der Römerstadt Augusta Raurica dort angeschwemmt worden seien. (4)

Das eigentliche Lebenswasser spendeten die Trinkwasserquellen und -bäche. Doch diese sind rar in den kiesigen Rheinauen. Selbst der stattliche Lerztbach bei Hegenheim oder der Allschwiler Dorfbach versickerten im Kiesboden, ohne den Rhein oberirdisch zu erreichen. Eine Ausnahme dieser Sundgauer Bäche ist der Birsig. Er schaffte es, sich ein steiles Tälchen durch den Lehm- und Sandsteinboden zu graben und ein kleines Delta, die spätere Basler Schifflände, in den Rhein zu schieben. An seinem linken Steilabhang am Fusse des späteren Leonhards-, Spalen- und Petersberges legte der Birsig Quellen frei, die die Stadt jahrhundertelang mit genügend Trink- und Badewasser versorgten. Zudem lieferte er das Wasser für Wollewalker und Tuchfärber, für Schmiede und Gerber, zum Waschen und Bleichen, zum Wässern von Bottichen und Binsen, Korbweide, Flachs und Hanf, zur Fabrikation von Pergament und Papier, und dies erst noch in unmittelbarer Nähe der Schifflände und der schützenden Burghügel Lohnhof und Martinssporn. Doch selbst in vorrömischer Zeit, als dieses unterste Birsigtal noch kaum besiedelt war und sich Handel und Wandel auf dem Gelände der späteren Gasfabrik abspielte, dürfte dieses tief eingeschnittene Birsigtal und sein Flüsschen etwas besonderes gewesen sein.

Ebenso besonders ragt der Basler Münsterhügel über den Rhein, auf drei Seiten steil abfallend und von Wasser umspült – ein aussergewöhnlicher Platz. Es ist möglich, dass er erst besiedelt und befestigt wurde, als die keltischen Rauriker nach der Niederlage bei Bibrakte unter römische Herrschaft gerieten. Es ist daher denkbar, dass dieser Hügel, der sich sozusagen aus dem Wasser erhebt, die längste Zeit als heiliger Hain unberührt blieb. Doch auch die Wiese, „des Feldberg liebliche Tochter", wie Johann Peter Hebel sie besingt, dürfte mit ihrem weichen Wasser eine fruchtbare Flussgöttin dargestellt haben – genauso wie die Birs. Der Birs entlang führte die wichtigste Strasse Richtung westliches Mittelland und über die westlichen Alpenpässe. Der Gotthard wurde ja erst im 12. Jahrhundert für den „Schwerverkehr", das heisst für den Fernhandel und Transport durch Maultierkarawanen, geöffnet. Natürlich reihen sich auch entlang der Birs die eindrücklichsten heiligen Landschaften. Erwähnt sei hier nur die romantische Eremitage von Arlesheim mit ihren sonderbaren bemalten Kieseln oder Kindergräbern aus neolithischer Zeit.

Doch zurück ins Tal des Birsig, der eigentlichen Lebensader und des „Dorfbaches" des ältesten Basel. Wenn wir ihm entlang durch die ehemaligen Auenlandschaften von Binningen, Bottmingen, Oberwil und Biel-Benken zu seinem Ursprung wandern, so treffen wir bei den Felsen von Flüh auf das Höhlenheiligtum Mariastein. Die Maria-im-Stein wird heute noch von unzähligen Gläubigen um Hilfe angefleht. Vor allem für die heute in der Schweiz lebenden Hindus stellt sie die dunkle Leben-im-Tod-Göttin Kali dar. Und noch für meine Mutter war es selbstverständlich, jeweils vor einer Niederkunft nach Mariastein zu wallfahrten und um eine leichte Geburt zu beten. Die Felsen um Flüh sind mindestens seit der Jungsteinzeit besiedelt. Vielleicht wurde die Göttin von Tod-und-(Wieder)Geburt bereits damals in dieser Höhle verehrt. Aktenkundig ist die Wallfahrt nach Mariastein zwar erst seit dem 14. Jahrhundert. Doch dies bedeutet lediglich, dass das Heiligtum von da an fest in christlichen Händen war. Zuvor mussten Kaiser und Päpste rund tausend Jahre lang die Leute mit List und Gewalt davon abhalten, an den alten Kultplätzen – bei Steinen, Bäumen, Quellen oder Höhlen – ihre Ahnen, Göttinnen und Götter zu verehren. Erst die blutige Hexenverfolgung zu Beginn der Neuzeit hielt die Menschen vorläufig davon ab, das Göttliche in der Natur zu verehren. Doch der Naturmystizismus der Romantik brachte, zumindest für die Oberschicht, einige Bruchstücke wieder zurück. Und für die Unterschicht vermischten sich Christentum und Reste von Naturmagie, die völlig aus ihrem Zusammenhang herausgerissen waren, zum oft unverständlichen Aberglauben.

Vogel Gryff und die Mysterienspiele

Mysterienspiele sind eine der ältesten Kult- und Kulturformen überhaupt. Dabei verwende ich den Begriff Mysterienspiel nicht nur als mittelalterliches Theater. Ich verstehe das Mysterienspiel als Handlung oder Ritual im Rahmen eines antiken Mysterienkultes. Diese antiken Mysterienkulte wurzeln ihrerseits in bronzezeitlichen oder gar jungsteinzeitlichen Ackerbautraditionen. Mit Tänzen und Umzügen wurde und wird auch der Lauf der Gestirne und die Phasen des Mondes rituell nachgeahmt. Ein kleiner Rest davon sind die Räbeliechtli-Umzüge der Kinder, die singen „Oben leuchten die Sterne, unten leuchten wir". Auf diese Art spiegeln die Menschen das Rad der Zeit und der Jahreszeiten.

Diese Mysterienspiele, begleitet von Musik und Tanz, sind „Religion zum Anfassen" und daher äusserst volkstümlich. So volkstümlich, dass sie teilweise in recht derbe Volksfeste ausuferten. Dies war einer der Gründe, weshalb sich die Reformatoren auf das „puur luter Wort" der Bibel besannen und in Städten wie Basel das religiöse Spiel ein Ende fand. Doch die menschliche Lust an Spiel und Spass, am Mummenschanz und Totentanz, an Ritual und Rythmus, an heiligem Feuer und heiligem Schauer brach auch in Basel wieder durch. Man denke nur an die religiöse Trance, mit der die aktiven Fasnächtler/innen drei Tage lang durch die Basler Innenstadt trommeln und sich von den Obertönen der Piccolos forttragen lassen. Andere lassen sich lieber vom Samba-Rythmus der Guggemusiken anstecken, um stundenlang fast wie in Trance zu hüpfen. Dazu kleidet man sich in übermässig bunte und prächtige Gewänder, ja man darf als „Alti Dante" oder „Buredotsch" mit üppigem Busen und Spitzenunterhosen sogar heimliche Sehnsüchte nach einem Geschlechterrollentausch ausleben. Die heute so berühmte Basler Fasnacht ist in dieser Form zwar noch kaum hundert Jahre alt. Doch all ihre Elemente stammen aus älteren militärischen, bürgerlichen oder religiösen Ritualen.

In Basel haben aber auch noch andere Fragmente von Mysterienspielen überlebt. Das Bürgertum mit seinen Zünften und Ehrengesellschaften übernahm, ähnlich wie in Zürich und andern Städten, Rituale und Spiele mit mystischen Wurzeln. Am deutlichsten spürbar sind diese am „Vogel Gryff". Wen schaudert es nicht, wenn der Wilde Mann auf seinem Floss den Rhein hinunter fährt, wenn ihn Löwe und Vogel Gryff majestätisch am Ufer empfangen, wenn Schüsse krachen und Fahnen wehen? Oder weshalb gilt die Fahrzeit des Wilden Mannes oder die Brenndauer des Zürcher Sechseläuten-Bööggs als Omen für das Wetter im kommenden Jahr? Oder weshalb wird selbst in der heutigen aufgeklärten Gesellschaft eine Kleinbaslerin dann schwanger, wenn ihr der Wilde Mann einen Apfel aus seinem Rock aus Efeu überreicht? Wie gesagt, solche und ähnliche Bräuche werden seit der Neuzeit und teilweise erst seit wenigen Jahrzehnten vom Bürgertum (wieder) liebevoll gepflegt. Doch ihr urtümlicher Zauber und ihre archaische Kraft vermag nach wie vor selbst sehr kritische und nüchterne Menschen anzusprechen.

Zu den Frühlingsbräuchen gehörten in der Stadt Wettläufe und Wettkämpfe wie das Eierlesen oder Eierlaufen. Die wohl spektakulärste Mutprobe für junge Männer war die Besteigung der Münstertürme bis auf die Spitze, die noch im vorigen Jahrhundert jeweils am Ostermontag stattfand. Zum Maien gehören die Nachtbubenstreiche und Maibäume, Tanz und Erotik, das Schmücken der Brunnen und das nasse Treiben vom Pfingstblütter. Zum Sommer gehören die Flurumgänge und die Johannisfeuer rund um Basel, dann die Ernte- und Weinlese-Feste. Selbst die Herbstmesse, trotz ihres Alters eine rein kommerzielle Veranstaltung, hat ihre alten und neuen Rituale wie z.B. das Einläuten mit dem Martinsglöggli.

Alle diese alten und weniger alten Bräuche in und um Basel werden in den einzelnen Kapiteln des Jahreszeiten-Festkreises noch ausführlicher beschrieben und auf ihre Wurzeln im Mysterienspiel zurückgeführt. Ich bin mir dabei bewusst, dass die Volkskunde inzwischen einige Bräuche, die in unseren Schulbüchern als urtümlich und heidnisch beschrieben wurden, teilweise als romantisches Treiben entlarvt hat. Wenn man jedoch die Geschichte der Volksbräuche in der Region Basel genau verfolgt (3), so fällt auf, wie altes Brauchtum immer wieder totgesagt wird. Und unvermittelt und plötzlich tauchen solche Fragmente von Mysterienspielen an neuen Orten und in neuen Zusammenhängen wieder auf. Oft ist es nur ein geschickter Schulmeister oder eine geschäftstüchtige Wirtin, die einen alten Brauch mit Erfolg wiederbeleben. Das Erstaunliche dabei ist jedoch, mit welchem Engagement und mit welcher Begeisterung die Menschen mitspielen. Selbst zu neueren oder wenig spektakulären Bräuchen wie Räbeliechtli-Umzüge oder Reedlischigge (Scheibenschlagen) lassen sich heute wieder Hunderte vom Pantoffelkino weglocken.

Vogel Gryff von Basel, Ehrenzeichen der Stadt

Diese Spiele mit Feuer oder Wasser, mit Musik und Kostümen, mit Symbolen und Tänzen, sprechen offensichtlich tiefe Schichten in uns Menschen an. Möglicherweise ist es eine alte Sehnsucht von vielen Leuten, den Jahreslauf, das „Stirb und Werde" der Natur und den Rhythmus des Lebens gemeinsam mit andern Menschen in Bilder, Symbole und Rituale zu fassen. Dies dürfte der Grund dafür sein, dass Mysterienspiele oder auch bloss einzelne losgelöste Teile davon, den

Menschen einen heimlichen heiligen Schauer bescheren. Und sehr wahrscheinlich überkam dieser heilige Schauer die Menschen seit Tausenden von Jahren, völlig unabhängig davon, seit wann ein einzelner Brauch in der Gegend aktenkundig ist.

Das Rad des Lebens

Eine der ersten Forscherinnen, welche die vorchristlichen Jahreszeitenfeste und die passenden Mysterienspiele in ein stimmiges System brachte, ist Heide Göttner-Abendroth. Ihrer Arbeit zur matriarchalen Mythologie verdanke ich, dass es mir gelang, dieses Rad der Jahreszeiten, der Feste und Mysterienspiel an den dazugehörigen Orten in Basel zu entdecken. (5)

Die Ackerbaugesellschaften der Jungsteinzeit feierten sowohl Sonnen- wie Mondfeste. Darauf weisen die grossen Steinbauten hin, die sich aus dieser Zeit erhalten haben, zum Beispiel Stonehenge, das unter anderem als Mond- und Sonnenkalender diente. Auch viele Gang- oder Kammergräber wurden genau zur Wintersonnwende – und nur dann – von der Sonne im Innern beleuchtet. Man darf daher annehmen, dass an der Wintersonnwende ein Fest für oder mit den Toten gefeiert wurde. Denkbar ist auch ein Fest der Wiedergeburt. In den meisten Religionen der Welt sind es die verstorbenen Ahnen, die das neue Leben und den Reichtum aus dem Jenseits an ihre diesseitigen Nachkommen schicken. Dieses neue Leben wird angekündigt durch das neue Licht oder die wachsende Kraft der Sonne. Zur Wintersonnwende ist diese Wende zwar noch kaum zu sehen und zu spüren. Die Sonne scheint ihre Bahn noch nicht verändern zu wollen. Deshalb halfen ihr die Menschen mit Kerzen, Feuer, Lärm und nächtelangen Festen auf die Sprünge. Der Reichtum des neuen Jahres wird mit üppigen Gelagen beschworen. Um den 6. Januar (Epifanie) geht die Sonne dann sichtbar weiter nördlich auf, beschreibt erstmals wieder einen etwas höheren Bogen und verlängert den Tag um einige Minuten. Vierzig Tage nach Weihnacht wird in der katholischen Kirche Lichtmess gefeiert, denn nach jüdischem Brauch opferte Maria am vierzigsten Tag nach der Geburt des (Sonnen!)-Kindes im Tempel. Doch das Fest hat noch weit ältere Wurzeln. Anfangs Februar feierten die Kelten Imbolc, ebenfalls ein Fest zum Wachstum der Sonne. In Irland werden dazu Sonnenräder aus Stroh verschenkt, sogenannte Brigittenkreuze. Denn Imbolc ist das grosse Fest der Göttin Brigid. Sie ist die Herrin von Irland und verhilft mit ihrem heiligen Feuer und dem (vollen) Braukessel den Dichtern und Sängern zur Inspiration. Der Kessel ist auch heilsam, deshalb wird sie beziehungsweise ihre Nachfolgerin, die heilige Brigit, von den irischen Ärzt/innen verehrt. Sie ist aber auch die Herrin der Rinder, Schafe und Ziegen, die zu dieser Zeit ihre Jungen haben.

Am 21. März sind Tag- und Nachtseiten gleich lang. Doch von jetzt an sollte die Sonne mit mehr Ausdauer am Himmelszelt laufen. In vielen Kulturen stellte der Sakralkönig den Sohn der Sonne auf Erden dar. Er wurde aus dem Dunkel der längsten Nächte der Wintersonnwende geboren und durchlief symbolisch das Sonnenjahr ähnlich wie ein Lebensalter. Zum Teil wurde aber ein König nur für die Dauer eines Festes oder für ein Mysterienspiel erkoren.

Wiederum rund sechs Wochen später beginnt das Maifest. Der keltische Name heisst Beltane, Feuer des (Gottes) Bel. In der vorgängigen Walpurgisnacht wird um ein grosses Feuer getanzt. Selbst die christliche Pfingsten als Fest des kreativen geistigen Feuers findet in dieser Zeit statt. Doch zum Maien gehört nicht nur Feuer, sondern auch Wasser. Deshalb werden Brunnen geschmückt oder ein mit grünem Laub vermummter Pfingstsprützling verspritzt die Umgebung und vor allem die Mädchen mit Wasser. Die jungen Männer stellen ihrer Liebsten unmissverständlich einen möglichst hohen Baum vor das Haus, um ihre Potenz zu demonstrieren. Andernorts müssen die jungen Liebhaber bis zum geschmückten Kranz einer Maitanne hochklettern, wobei der Baumwipfel im runden Kranz ein schönes Symbol für die sexuelle Vereinigung darstellt. Möglicherweise wurde auch vom Sonnen-Maikönig verlangt, dass er seine Maikönigin mit einer halsbrecherischen Kletterpartie gewinnt. In den Alpen und zum Beispiel auf Rügen heissen markante Felswände oft Königsstuhl oder ähnlich. Dabei weisen Ortssagen aber auch Märchen darauf hin, dass Braut, Burg und Königreich nur mit unerschrockenem Klettern zu gewinnen seien. Schliesslich gehören zum Maien auch Flurumgänge und Bittprozessionen. Es gilt, den Schutz der Maigöttin (noch heute werden die Felder mit einer Marienstatue umrundet) für die zarten und anfälligen Saatpflanzen zu erbeten.

Hoch-Zeit wird dann gefeiert, wenn die Sonne die höchste Bahn beschreibt, also zur Sommersonnwende. Noch heute entzünden die Männer so hohe Johannisfeuer wie möglich. Der Sonnenkönig steht am Zenit seiner Kraft. Was es jetzt noch braucht, um das Brot für das ganze Jahr zu sichern, ist Sonnenglut. Vor allem, wenn der Juni regnerisch war, lässt man jetzt brennende Räder durch die Felder rollen. Anfang August kommen die Schnitter zum Einsatz. Und genauso wie jetzt das Korn geschnitten und heimgeholt wird, genauso muss jetzt die Sonnenkraft beschnitten werden. In der Mythologie schneidet zum Beispiel Delila ihrem Sonnenheros Samson die Haare und damit die Kraft weg. Oder die Menschen stiegen frühmorgens zum Sonnenaufgang auf die Berge und beschworen die Sonne, jetzt ihre sengenden Strahlen zurückzunehmen, damit die Ernte jetzt nicht im letzten Moment durch Dürre oder Gewitter vernichtet wird. Dies war der tiefere Sinn für die zahlreichen Bergprozessionen am 1. August und vor allem zum Fest Maria Himmelfahrt am 15. August. Es ist die Zeit der Kornmutter, der Fruchtbarkeitsgöttin im üppigen Ährenkleid. Die Frauen lassen von ihr die Heilkräuterbüschel für den Winter segnen. Das keltische Erntefest hiess Lugnasad, was soviel wie Fest des Gottes Lug bedeutet.

Nach der Herbst-Tagundnachtgleiche sechs Wochen später beginnt langsam die Zeit der Dunkelheit. Die Nacht dauert wieder länger als der Tag. Der Sonnenheros tritt seine Fahrt durch die Unterwelt an, das heisst, er stellt sich (symbolisch) als „Opfer" zur Verfügung. Er liess sich zum Beispiel in einen Baum hängen, oder er wurde „irrtümlich" wie der sonnige Baldur von einem blinden Schützen mit einem Mistelzweig erschossen. Eine andere Variante war die Fahrt auf einem steuerlosen Schiff nach Norden oder Westen, oder er fiel in den Kessel der ewigen Wiedergeburt. Dieses Gefäss, das eigentlich nichts anderes war als der fruchtbare Uterus der Mutter Erde, wurde im Mittelalter zum heiligen Gral und Abendmahlskelch christianisiert! Wie auch immer, jedenfalls verbringt unser Sonnenheld die Zeit bis zu seiner Wiedergeburt auf der Apfelinsel Avalon, wo immer Frühling herrscht, oder sonst in einem jenseitigen Paradiesgarten. Er erlangt Weisheit, Wissen und Jugend im Reich der Göttin Hel.

Trotzdem waren in späterer Zeit die Sonnenkönige oft nicht mehr bereit, im Herbst symbolisch oder real ihre Macht oder gar ihr Leben abzugeben. Sie schickten deshalb als Stellvertreter ihre Söhne, Gefangenen, Sklaven oder Tiere. Diese wurden tatsächlich geopfert, hatten jedoch mit der freiwilligen und meist nur symbolischen Fahrt des sakralen Königs durch die Unterwelt nur den Ursprung gemeinsam. (7)

Das nächste Fest, Samhain (= Sommers Ende) oder Halloween (Fest der Frau Holle) begann in der Nacht auf den 1. November. Genau wie Allerheiligen in der katholischen Kirche war auch Halloween ein Fest für die Ahnen. Denn jetzt waren die diesseitige und die jenseitige Welt offen und die Toten konnten zu Besuch kommen. Die Halloween-Kinderfeste oder die Martins- oder Räbenlichter-Umzüge stellen heute noch den Zug des Totenheeres dar. Frau Holle oder die keltische Pferdegöttin Epona wurde meist ersetzt durch den heiligen Martin hoch zu Ross, der jetzt diesen nächtlichen Spuk begleitet. Auch die Silvester-Kläuse gehören zu diesem Jahreszeitenspiel, genauso wie die Sankt-Nikolaus-Bräuche überhaupt. Diese dunkle Zeit ist auch eine paradoxe Zeit, eine Zeit zwischen den Zeiten, Tote und Lebende, Vergangenheit, Gegenwart und Zukunft vermischen sich und werden zur Ewigkeit, bis im Frühjahr der ganze Zyklus wieder beginnt. Dabei ist es gleichermassen eine verkehrte und eine heilige Zeit. Dies wird speziell deutlich an allen Orten, wo bereits am Martinstag die Fasnachtszeit beginnt, wo die Narren diese verkehrte Welt regieren. Dies ist die Zeit des Chaos, aus dem erst das neue Leben im Frühling entstehen kann. Ganz deutlich wird dies im Brauchtum der zwölf heiligen Nächte nach der Wintersonnwende. Wilde Götter- und Geisterjagden stürmen durch die Nächte. Dabei werfen der Nikolaus, Weihnachtsmann oder die alte Befana (von Epiphanias) Gaben durch den Kamin. Dank der vermischten Zeit kann man jetzt gut orakeln und in die Zukunft sehen. Und schliesslich wird aus diesem ganzen Chaos das neue Sonnenkind geboren. Epifanie bedeutet demnach die Erscheinung sowohl eines neuen Sternes als auch von drei Königinnen. Denn jetzt dürfte klar sein, dass eine dreifaltige Göttin das Jahresrad dreht: die frühlingshafte Mädchengöttin mit dem neuen Licht, die fruchtbare Muttergöttin des Sommers, und die dunkle Todesgöttin, ohne die es kein neues Leben gibt.

Diese acht grossen Sonnenfeste wurden wohl in Form von Mysterienspielen in jeder grösseren Siedlung gefeiert. Es ist aber auch denkbar, dass es acht verschiedene Kultplätze gab, für jedes Fest einen. Demnach müssten auch in Basel acht Plätze zu finden sein, die sich zur Durchführung der Mysterienspiele speziell gut eigneten. Alte Kultplätze wurden meist mit Kirchenbauten überformt. Doch die alten Basler Kirchen verraten noch immer etwas von den vorchristlichen Feiern, die sie zu ersetzen hatten.

Die heiligen Frauen der Peterskirche

Die mittelelterliche Pfarrkirche St. Peter in Basel ist ziemlich genau geostet, das heisst auf den Sonnenaufgang an der Frühlings-Tag-und-Nachtgleichen (und entsprechend im Herbst) ausgerichtet. Wenn also die Sonne aufgeht, so fallen ihre Strahlen am Frühlingsanfang genau durch das Fenster hinter dem ehemaligen Hauptaltar. Dieser Altar war vor der Reformation mit einem so prächtigen Aufsatz aus weissem Alabaster geschmückt, dass sogar ein Reisender aus Padua voll Bewunderung von diesem spätgotischen Kunstwerk schrieb. (7) Der Altar mit dem Allerheiligsten muss demnach am frühen Frühlingsmorgen ausgesehen haben, als ob die Sonne auf ihm Platz nehmen würde und das ganze Schiff oder zumindest den Chorraum mit ihrem Licht erfüllen. Deshalb nehme ich an, dass auf dieser Anhöhe bereits in vorchristlicher Zeit die Feiern zum Frühlingsbeginn stattfanden. Die archäologisch erforschten Fundamente der Kirche beweisen, dass bereits der karolingische Urbau genau gleich ausgerichtet war wie der heutige Chor. Zudem umgab bis ins 19. Jahrhundert ein spezieller grosser Kinderfriedhof die Kirche an der Nord- und Ostseite. (7)

An der heutigen, wunderschönen Stiftskirche aus dem Hochmittelalter ist nichts mehr Auffälliges zu entdecken. Nur eine aussergewöhnliche Darstellung der Dreifaltigkeit von Vater, Sohn und heiliger Geist erscheint als Mensch mit drei Köpfen. Vor der Reformation jedoch muss die Peterskirche – ganz ähnlich wie das Basler Münster – ein eigentliches Frauenheiligtum gewesen sein. Drei Altäre waren der Gottesmutter Maria geweiht, einer davon in einer speziellen Marienkapelle. In dieser Kapelle sind noch heute viele kunsthistorisch wertvolle Fresken aus dem 15. Jahrhundert zu sehen, die unter anderem die Wundertaten Marias schildern. Weitere Altäre waren den heiligen Katharina und Magdalena geweiht. Dazu wurden die heiligen Margaretha und Chrischona als Schutzpatroninnen vermerkt. Auf dem Hauptaltar der Leutkirche vor dem Lettner wurde der heilige Jakobus verehrt. Auch er weist mit seiner Pilgermuschel auf ein altes Symbol der weiblichen Vulva hin. In der Leutkirche ist noch ein Fresko der heiligen Dorothea zu bewundern. Wie die Vegetationsgöttin Flora wird sie mit üppigem Haar, in einem roten Rock und mit einem Körbchen voller Rosen dargestellt.

Vor der Reformation war die Kirche und der Hauptalter dem Apostelfürsten Petrus geweiht. Im Stiftswappen wird seine spezielle Funktion mit zwei Schlüsseln dargestellt, einem dunkeln und einem hellen. Petrus galt als die Instanz, die im Namen Gottes schliessen und öffnen kann, oder mit den Worten der Bibel ausgedrückt: binden und lösen. Im Volksglauben übernahm Petrus mit seinen Schlüsseln die Funktion des Himmelspförtners. Und selbst in reformierten Gegenden ist er noch bekannt als Wettermacher. Diese Funktion habe der Apostelfürst vom römischen Göttervater Jupiter oder vom griechischen Zeus übernommen, ist die Meinung. Dies mag durchaus für die christianisierten Stammländer der Griechen und Römer, also für Italien und das östliche Mittelmeer gelten. Denkbar wäre auch, dass Petrus an Stelle von keltischen Taranis-Heiligtümern verehrt wird. Taranis war der Donnergott keltischer Stämme, der mit dem Blitz tötete und (zumindest bei den Römern) als äusserst grausam galt und Menschenopfer forderte. Aber irgendwie passt dies alles nicht so recht zum populären Bild des doch meist gütigen Schönwettermachers Petrus. Deshalb ist es wahrscheinlicher, dass die Petrus geweihten Kirchen und Kapellen in unserer Gegend die heiligen Stätten von vorchristlichen Wettermacherinnen ersetzten, nämlich die der drei Bethen. (8) Wenn man von der Schreibweise absieht, klingt Pet-er und Beth-en ziemlich ähnlich. Zudem werden die drei Bethen in Strassburg, Gengenbach, Worms und im Tirol in Peterskirchen verehrt. Unter dem Sammelbegriff „Bethen" wurden, zumindest seit der keltischen Zeit bis heute, drei Frauen, Heilige oder Göttinnen „angebethet". (8) Alle deutschen Begriffe wie beten, betteln, Bittgänge, Bittage etc. bezogen sich ursprünglich auf die Bethen.

Hl. Dorothea mit Blumenkorb, Peterskirche

Im Gegensatz dazu verwendete die christliche Kirche früher ausschliesslich den Begriff „anrufen" (lat. orare) für beten. Auch das Bëte-hûs bezeichnet einen vorchristlichen Tempel und niemals eine christliche Kirche. Als Flurnamen finden wir ein Battenhäuslein in nächster Nähe von Basel gleich auf der Anhöhe von Blotzheim. Auch Bettingen und Bättwil dürften auf Bethenheiligtümer hinweisen.

Obschon die drei Jungfrauen nie als Bethen heiliggesprochen wurden, werden sie unter diesem Namen in rund zwei Dutzend Kirchen am Rhein und in den Alpen verehrt. Meist trägt eine von ihnen den Namen Ambeth, was auf den Namen Ana-Beth zurückgeführt werden kann. Die zweite heisst oft Wilbeth, was sich möglicherweise auf die Mond-Scheibe (engl. wheel) zurückführen lässt. Und Borbeth oder Worbeth, die dritte, enthält das Wort bor-, was „glänzend, hell" bedeutet. Nach ihr sind Städte wie Bormio mit seinen antiken heissen Quellen oder Worms, das alte Borbeto-magus (= Feld der Borbet) benannt. (8) Mit diesen Eigenschaften erinnern die drei Bethen an die drei Nothelferinnen, deren Verehrung vor allem im 16. bis 18. Jahrhundert blühte: „Margarethe mit dem Wurm, Barbara mit dem Turm (oder Sichelmond-Kelch), Katharina mit dem Rädchen, sind die drei heiligen Mädchen". Mit weniger Attributen ausgestattet als die genannten drei heiligen „Mädchen", wurden die drei Bethen in vielen Kirchen des Rheinlandes unter den abstrakten Begriffen Caritas (Liebe), Fides (Glaube) und Spes (Hoffnung) verchristlicht. Doch die einfachen Leute verwandelten die drei sofort in heilige Frauen names St. Caritas, St. Fides und St. Spes.

Im Volksmund wurden die drei Bethen zum Teil mit drei Frauen gleichgesetzt, die in der Bibel den Namen Maria tragen: Maria, die Mutter Jesu; Maria Magdalena; Maria Salome; oder auch Maria und Marta, die Schwestern des Lazarus. Dazu sind die drei, wie bereits erwähnt, die Wettermacherinnen. So wird der Kindervers von den drei Marien oder eben Bethen verständlicher: „Ryte, ryte Rössli, z Basel stot es Schlössli, z Basel stot es goldigs Huus, luege drei Mareie druus. Die einti spinnt Siide, die zwöiti schnätzlet Chriide, die dritti macht es Tüürli uf und loot die helli Sunne druus." Kinderspiele und Kinderlieder gelten als „gesunkenes Kulturgut". Was offiziell als Aberglaube verachtet oder gar verfolgt wurde, erhielt sich in Kinderbräuchen, Märchen und Küchenliedern.

Zum alten Frühlingsfest gehörte alles, was Kinder gerne spielen: Bälle so hoch wie möglich werfen (im Mittelalter tanzten an Ostern selbst die Priester in der Kathedrale von Chartres mit einem goldenen Sonnenball), Wettrennen mit Bällen oder Eiern... Wen wunderts, dass schon die ältesten dokumentierten Eierläufe in Basel auf dem Petersplatz stattfanden. (11) Mit diesem Frühlingsfest begann auch der Initiationsweg des Sonnenheros. Der Sonnenweg führt rechts im Uhrzeigersinn rund um die Stadt. Deshalb ist der nächste Kultplatz, der Maifestplatz, auf dem Martinssporn – und siehe da: die Martinskirche ist noch heute auf den Sonnenaufgang am 1. Mai orientiert. Doch vorher machen wir noch eine Fahrt zu den Basler Bethenhügeln.

Heilige Hügel um Basel

In der Umgebung von Basel finden wir gleich fünf Kirchen, mit denen die „drei ewigen Bethen" verehrt werden. Wir finden sie als „Trois Vierges" bezeichnet in einer Waldkapelle bei Wentzwiller. Dort sollen sie beerdigt sein. Und hier treten sie auch sehr deutlich als Wettermacherinnen auf. Die Legende berichtet, die drei hätten als Einsiedlerinnen im Wald gelebt (an einer der wichtigsten gallo-römischen Verbindung zwischen Basel und dem Doubs-Saône-Rhone-Hafen Epomandodurum). Dort seien sie von Räubern erschlagen worden. Die Dorfbewohner hätten die drei Wohltäterinnen am Ort beigesetzt. Als im 19. Jahrhundert der Pfarrer die Gräber öffnen liess, fand man tatsächlich drei Skelette. Nachdem sie der Pfarrer auf dem Dorffriedhof beigesetzt hatte, regnete es ohne Unterbruch drei Wochen lang und hörte erst auf, als die sterblichen Überreste der drei Jungfrauen wieder an ihrem alten Platz waren. (9)

In Eichsel auf dem Dinkelberg findet man die Kopfreliquien von Drei Jungfrauen auf einem Seitenalter der St. Galluskirche. Sie werden dort Wibrandis, Kunigundis und Mechtundis genannt. Diese Namen entstammen jedoch von Heiligen aus der Herrschaft des Klosters St. Gallen und dürften mit dem Galluspatrozinium in Verbindung stehen. Die Legende berichtet, dass die drei aus dem Gefolge der heiligen Ursula mit ihren elftausend Jungfrauen stammten. Ursula sei eine bretonische Königstochter gewesen, die sich mit ihrem Gefolge auf dem Rückweg von Rom bei Basel einschiffte. In Köln wurden sie von den Hunnen überfallen und erlitten den Märtyrertod. Die Drei Jungfrauen vom Dinkelberg seien jedoch schon vorher am Rheinufer bei Wyhlen verstorben. Daraufhin hätten sie die Leute auf einen Wagen gelegt und Rinder vorgespannt, die vorher noch nie unter dem Joch gestanden hätten. Diese Rinder wurden nicht von Menschen gelenkt und hätten die Jungfrauen auf den Berg gebracht. Dort hätte sich eine Eiche von allein zum Sarg geöffnet. (10)

Zum selben Sagenkreis gehört die heilige Chrischona. Von ihr wird fast dieselbe Legende erzählt. Ergänzt wird bei ihr nur noch, sie habe bei Wyhlen auf einer Wiese gelegen und dort tiefe Abdrücke hinterlassen. Seither heisse diese Flur „Chrischona-Bett". (8) Auch Chrischona sei von jungen Kühen zu ihrem Begräbnisplatz bei der heutigen Chrischona-Kirche oberhalb von Bettingen geführt worden. St. Chrischona entwickelte sich zu einem gut besuchten Wallfahrtsort. Die auffallend vielen Kindergräber (22) lassen vermuten, dass St. Chrischona als Beschützerin der Kinder galt. Denkbar wäre auch, dass St. Chrischona ein Bestattungsort für ungetaufte Kinder war. Der Archäologe Rudolf Moosbrugger-Leu vermutet, dass vor Chrischona an dem Ort der heilige Britzius verehrt wurde, der ebenfalls ein Schutzpatron der Kinder und Jugend war. Auch dies ist denkbar. Britzius galt gleichzeitig als Nachfolger und Widersacher des Heiligen Martin. Dieser widersprüchliche und eigenwillige Heilige ist wie geschaffen, um vorchristliche Kultplätze mit seinen Kirchen und Kapellen zu christianisieren.

Das Dorf, das zur Chrischona-Wallfahrtskirche gehört, heisst Bettingen. Ähnlich wie viele andere Dorf- und Flurnamen rund um die Kultorte von Drei Jungfrauen, dürfte auch Bettingen die heilige Chrischona mit den drei Bethen verbinden. (8) Und tatsächlich wird in den Basler Sagen Chrischona ihrerseits zu einer

Triade heiliger Jungfrauen gezählt. Margarethe soll als Einsiedlerin auf dem Margrethenhügel bei Basel, und Odilie auf dem Tüllinger-Hügel gelebt haben, wobei „Tylle" eine Kurzform von Odilie/Ottile darstellt. Jede habe den andern beiden Lebenszeichen mit Hilfe von Lichtsignalen oder weissen Tüchern zukommen lassen. Ende des 18. Jahrhunderts hat auf dem Margretenhügel noch eine Art Galgen gestanden, an dem man Signale mit Hilfe von Feuer, Rauch oder Flaggen senden konnte. Der Turmwächter von St. Peter war verantwortlich für den Empfang dieser Signale. (13) Dabei handelte es sich wohl in erster Linie um Warnfeuer, sogenannte Chutzen. Denkbar ist aber auch, dass die drei Kirchen eine Kalenderfunktion besassen: Die Menschen beobachteten einfach, wo genau die Sonne im Verlauf des Jahres auf- oder unterging. Von der Basler Peterskirche aus steigt die Sonne am Frühlingsanfang über dem Hörnlifelsen unterhalb von St. Chrischona auf. Von der Keltensiedlung Basel-Gasfabrik her findet der Sonnenaufgang zur Frühlings- und Herbst-Tagundnachtgleiche genau hinter der Kirche St. Chrischona statt. (2)

Es ist jedoch oft nicht möglich, von der Altstadt aus den Sonnenaufgang zu beobachten. Vom Rhein her ist die Luft am frühen Morgen meistens zu dunstig, um die umliegenden Bergspitzen zu erkennen. Ganz anders sind die Verhältnisse auf dem Margrethenhügel. Die Sicht ist meistens klar. Dies dürfte auch einer der Gründe gewesen sein, weshalb hier der Signalturm und später übrigens die Sternwarte errichtet wurde. Sicher hatten die drei Frauen, die auf den heiligen Hügeln im Dienste der drei Bethen standen, die Aufgabe, den Talbewohnern mit Hilfe von Leuchtfeuern oder Fahnen die Festtage des Jahreslaufes zu verkünden.

Drei Frauen (Marien) in der Odilien-Kirche von Ober-Tüllingen

Wenn wir die Orientierung der drei Kirchen St. Chrischona, Ober-Tüllingen und Margrethen überprüfen, so finden wir auch hier eine bemerkenswerte Ausrichtung. St. Chrischona ist genau geostet. Das bedeutet, dass sie möglicherweise einen Kultplatz für den Frühlingsanfang markiert. Ihr Festtag ist zwar der 16. Juni und nicht der Frühlingsbeginn. Doch da sich dieser Gedächtnistag auf die Erhebung ihrer Gebeine am 16. Juni 1504 bezieht, dürfen wir ihn getrost ignorieren. Die Kirche auf dem Tüllinger Hügel ist sehr genau auf den Sonnenaufgang am 1. Mai ausgerichtet. Leider hat auch sie heute nicht mehr das passende Patrozinium. Die Heilige Odilie gilt als Lichtbringerin und wird deshalb, genau wie die heilige Luzia, am 13. Dezember gefeiert. Lange Zeit galt auch der Erzengel Michael (Fest 29. September) als Kirchenpatron. Doch für beide Patrozinien gibt es bis heute keine historischen Belege. Deshalb wählte die Kirchgemeinde Obertüllingen 1975 hochoffiziell das Odilien-Patrozinum und entschied sich damit indirekt für die Weiterführung des Drei-Bethen-Kultes.

Die drei Bethen treffen wir übrigens auch in der Kirche selber nochmals an. Ein Fresko mit den drei Marien (Maria-Magdalena, Maria-Salome und Maria-Kleopas) wird Conrad Witz (um 1460) zugeschrieben und gilt als eine der schönsten Heiliggrabdarstellungen am Oberrhein. Und schliesslich war der frühmittelalterliche Chor der Margrethenkirche genau auf den Sonnenaufgang an der Sommersonnwende ausgerichtet. Die heutige L-Form erhielt die Kirche erst durch eine Erweiterung im 17. Jahrhundert. Damit passt die Kirche auch zum hochsommerlichen Festtag der heiligen Margarethe am 20. Juli.

Der Wilde Mann

Wenn unser junger Held in einem rechten Bogen, dem Lauf der Sonne folgend, vom Petersberg Richtung Rhein hinuntersteigt, so trifft er zunächst auf Janus. Dieser Janus ist eine zeitgenössische Skulptur gegenüber der Predigerkirche. Janus hat einen Kopf wie eine Münze mit zwei Seiten bzw. zwei Gesichtern. Eines schaut nach Süden in die Innenstadt, das andere nach Norden entlang der Strasse, die mindestens seit römischer Zeit eine der wichtigsten Nord-Süd-Achsen der Region war. Sein ganzer Ausdruck, aber auch seine gekreuzten Beine erinnern an keltische Kunst, vorab an den Cernunnos vom Kessel von Gundestrup. Diese moderne Skulptur ist für mich ein Hinweis, dass Künstlerinnen und Künstler oft ein grosses Flair dafür haben, den Geist eines Ortes, den „Genius loci" darzustellen. Mit Hilfe der Kunst kann die verborgene Qualität eines Ortes selbst über Jahrhunderte hinweg immer wieder neu sichtbar werden.

Schon vor fünfhundert Jahren empfand es ein Steinmetz als richtig, das Glockentürmchen auf der Predigerkirche nebenan mit zwei „Salvatorköpfen" zu zieren. Der eine schaut nach Norden, der andere nach Süden. Diese beiden überlebensgrossen Köpfe sind die einzigen Menschendarstellungen an der sonst sehr strengen und schlichten Predigerkirche. (7) Vielleicht wurde dieser Steinmetz seinerseits von einem viel älteren Januskopf an diesem Ort inspiriert? (14) Unser Janus bewachte vielleicht auch einmal das Tor, das von der „profanen" Keltensiedlung

Basel-Gasfabrik in den sakralen Bezirk rund um den Birsig führte. Während rund drei Jahrhunderten siedelten La-Téne-Leute am linken Rheinufer bei der heutigen Dreirosenbrücke. Dieser Siedlungsplatz hatte vorwiegend praktische Gründe. Die Wiese brachte viel Geschiebe in den Rhein, so dass dort sichere Furten zu finden waren. Interessant ist, dass die Rauracher, nach dem missglückten Auszug nach Süden, auf dem Münsterhügel ihre neue Siedlung aufbauten. Dazu ist zu sagen, dass die Römer oft die heiligen Haine und Hügel der eroberten Völker rodeten und profanisierten (z.B. Bibracte und Alesia). Die spätere gallorömische Siedlung auf dem Basler Münsterhügel könnte einen indirekten Hinweis darauf sein, dass dort vorher ein heiliger, naturbelassener Hain war.

Doppelgesicht (Janus) von Basel bei der Predigerkirche

Nehmen wir nun an, unser Sonnen-Held des jahreszeitlichen Mysterienspiels war nicht bloss ein symbolischer Maikönig für einen Tag, wie sie noch im Mittelalter üblich waren. Nehmen wir an, er war ein künftiger Stammesfürst, dann musste er zunächst seine Siedlung verlassen. Nur so konnte er die Fähigkeiten erringen, die er als sakraler König für seinen Stamm brauchte. Lebte unser Held in keltischer Zeit, so wurde er wohl wie Parcival in der Wildnis grossgezogen. Als er von seinem Onkel, dem Einsiedler, unterrichtet wurde, begriff er die mythischen Zusammenhänge und erlangte die Königin/Göttin und den Gral.

Wie die Rückkehr des „Grünen Mannes" in die Siedlung oder Stadt ablief, kann niemand genau sagen. Der heilige König für Basel musste wohl über den Rhein kommen. Vielleicht wurde er im Hotzenwald initiiert, dem finstern Reich der Göttin Abnoba, wo bis ins Mittelalter niemand zu siedeln wagte. Und jetzt kann man sich das Bild gut vorstellen: Der Wilde Mann kommt auf einem Floss den Rhein hinunter mit einer grünen Tanne in den Händen. Er ist im Besitz der magischen Äpfel, die ihm die Göttin Abnoba geschenkt hat. Diese Äpfel machen die Frauen schwanger und ermöglichen damit den Ahnen die Wiedergeburt.

Die mythischen Wappentiere der Stadt erwarten ihn am Ufer. Sie empfangen ihn freundlich. Zu Zeiten, als dieses Mysterienspiel noch einen wirklich ernsten Hintergrund hatte, wäre jetzt ein ritueller Nachfolgerkampf zwischen dem kommenden und dem bisherigen heiligen König und dessen Wappentieren ausgebrochen. Doch heutzutage tanzt der Sonnenlöwe vor Freude, und selbst das majestätische Mischwesen aus Vogel, Löwe und Schlange – der Vogel Gryff – scheint sehr zufrieden über die Ankunft des Wilden Mannes. Der Vogel Gryff ist, wie die Sphinx, das Symbol des Kalenders und der dreifachen Göttin des Jahreszyklus: der Vogel gehört zum Frühling, zur Luft und zur jugendlichen Göttin. Die Löwin stellt den fruchtbaren feurigen Sommer dar. Die Schlange oder der Drache ist das Unterweltstier des Winters und der dunkeln Todesgöttin. Sie ist im Wasser oder in der Erde zu finden.

Genau dieses Schauspiel gibt es jedes Jahr am Kleinbasler Festtag des Vogel Gryff zu sehen. Der „Vogel Gryff" ist einer der ältesten in dieser Form erhaltenen Volksbräuche in der Schweiz. Die Ehre gebürt den drei Kleinbasler Ehrengesellschaften, dieses Fragment eines Mysterienspiels in dieser Form über die Jahrhunderte hinweg erhalten zu haben. Das Bürgertum hat demnach ein ursprünglich religiöses Spiel weiterverwendet. Dies ist ganz typisch für Volksbräuche und für die Fragmente von Mysterienspielen. Ihr Überleben hing ab von der folgenden Entwicklung: Zunächst verchristlichte die Kirche die heidnischen Riten und die heiligen Plätze gemäss dem Motto von Papst Gregor dem Grossen († 604) „Man muss die Feste der Heiden nur allmählich übernehmen, ja sie sogar in manchen Stücken nachahmen..." Zweihundert Jahre später verhängte Kaiser Karl der Grosse die Todesstrafe für diejenigen, die an Steinen opferten. Trotz der Übernahme vieler Kulte durch das Christentum war der vorchristliche Glaube noch stark verbreitet und eine politische Bedrohung für den Kaiser. Dann brachten die Kreuzzüge und Pilgerfahrten eine kulturelle Bereicherung, die sich auch in den mehr oder weniger christianisierten Volksbräuchen abzeichnete. Gleichzeitig flammte die Ketzer- und später die Juden- und Hexenverfolgung auf. Allen voran gelang es den Dominikanern, eine Massenhysterie gegen eigenständigen Frauen sowie gegen Randständige zu entfachen. Jede Abweichung von den kirchlichen Normen war lebensgefährlich. Daran änderte die Reformation nichts. Im Gegenteil. Die Hexenverfolgung ging weiter. Die Kirche gab zwar Nahrung für den Kopf, aber wenig für das Gemüt und die Seele. In diese Lücke sprang das Bürgertum, die Bauernbewegungen, ja sogar die Arbeiterbewegung. Kaum begannen die Bürger ab Beginn der Neuzeit die Vorherrschaft der Kirche abzustreifen, nutzten sie die Kraft der Symbole und Rituale für ihre eigenen Interessen. Die Zünfte liessen kostbare Kelche und seidene Fahnen fertigen. Statt an kirchlichen Prozessionen teilzunehmen, veranstalteten sie selber ständische Umzüge. Die Turniere und Ritterspiele ersetzten sie durch aufwendige Musterungen der Miliz. Bei all dem griff das emanzipierte Bürgertum kräftig in die Requisitenkammer der alten Mythologie. So kam Kleinbasel zum Fest des Vogel Gryff.

Doch nicht nur Kleinbasel hatte einen Greifen als Schildhalter, sondern auch eine Grossbasler Zunft. Und warum sollte unser Wilder Mann nicht an der Grossbasler Schifflände angelegt haben? Genau hier gab es eine Kapelle, deren Patrozinium auf eine Anlegestelle für Wilde Männer passte: die St. Brandan-Kapelle. Brandan war ein irischer Mönch und lebte im 6. Jahrhundert. Berühmt wurde er durch eine Missionsreise, die er und seine 14 Mönche in einem kleinen Boot aus Leder unternahmen. Nach einer abenteuerlichen Fahrt, die stark an die Odyssee erinnert, gelangten sie über Island und Grönland nach Amerika – tausend Jahre vor Kolumbus. Die St. Brandan-Kapelle gilt als eine der ersten christlichen Kirchen Basels. Wahrscheinlich ersetzte sie eine vorchristliche Kultstätte am linken Ufer bei der Birsigbrücke und der Rheinfähre, also dort, wo sich die alten Handelswege von Süden nach Norden sowie Osten und Westen kreuzten. (7) Ziemlich sicher wurde diese Kapelle von iroschottischen Missionaren bereits im 7. Jahrhundert errichtet. Im späteren Mittelalter wollte man den, ansonsten auf dem europäischen Festland nahezu unbekannten St. Brandan, durch St. Nikolaus ersetzen. Doch die Baslerinnen und Basler hielten an ihrem wilden Seefahrer fest, sie nannten ihn St. Brandolf und feierten wohl auch sein Festtag am 16. Mai, also gut passend zu unserem zukünftigen Maienkönig. Wie die Kapelle genau orientiert war, lässt sich heute nicht mehr ermitteln. Jedenfalls wurde sie später mit dem Richthaus (dem alten Gerichtshaus) zusammengebaut und nach der Reformation in die damalige Herberge „zur Blume" integriert. Da auch die „Blume" späteren Neubauten und veränderten Strassenlinien weichen musste, lässt sich nicht einmal mehr die Ausrichtung der Fassade bestimmen. Das einzige, was von St. Brandan die Reformation überdauerte, war der sogenannte St. Brandolf-Brunnen, ein grosser öffentlicher Brunnen auf dem ehemaligen Blumenplatz. (7)

Eine Wette um die Maibraut

Noch heute wollen die jungen Burschen in der Nacht auf den 1. Mai, in der Walpurgisnacht, waghalsige Prüfungen bestehen und mit allerlei Dummheiten bei ihren Angebeteten Eindruck schinden. Am wichtigsten ist es, der Auserkorenen einen möglichst hohen Maibaum vor das Haus zu stellen. Zudem wollte man der Obrigkeit zeigen, dass sich die Jugend nicht mehr in die Schranken weisen liess. Seither stellen die Stäckibuben (die angehenden Rekruten) in dieser Nacht so ziemlich alles an, was „Gott verboten" hat. An manchen Orten stacheln sich die Burschen auch gegenseitig an, die „Maien" (kleine geschmückte Tännchen oder Reisig- und Blumensträusse) in den halsbrecherischsten Höhen anzubringen. Keine Mauer zu hoch, um nicht erklommen zu werden!

Waghalsige Kletterpartien hatten auch in Basel bis 1879 Tradition. Jedes Jahr bestiegen (allerdings bereits am Ostermontag) Maurergesellen die Spitzen der Münstertürme, um den Zustand der Dächer und des Sandsteins zu prüfen. Sie kletterten aussen von Krabbe zu Krabbe und leerten dann, zuoberst auf der Kreuzblume sitzend, ein Glas Wein. Unter dem Johlen einer riesigen Zuschauermenge warfen sie Gläser und Flaschen auf den Platz hinunter. Das ganze Treiben wurde von Salutschüssen begleitet. Dieser Brauch, der seit dem Mittelalter bezeugt sein soll, hatte also sicher nicht nur den profanen Grund, den Zustand der Türme zu überprüfen. Waren die Maurergesellen wieder unten, so durften alle ihre Kletterkünste an den Münstertürmen erproben. Dies wurde zwar immer wieder von der Obrigkeit verboten – und immer wieder trotzdem gewagt. (11) Könnte es deshalb sein, dass, wer in Basel Maikönig werden wollte, zunächst eine waghalsige Kletterprüfung oder ein Wettklettern gewinnen musste? Zum Beispiel unten vom Rhein hoch auf den Martinssporn? Solche Kletterpartien, um die Königin/Göttin und ihr Land zu gewinnen, sind aus den verschiedensten Sagen bekannt (Königsstuhl auf Rügen, etc.). Natürlich hat ein (unbekannter) Basler Bischof den Martinssporn schon bald mit einer Treppe bequem erreichbar gemacht. Doch wurde sein Erklimmen noch bis zur Reformation belohnt. Wer betend und in frommer Gesinnung vom Rhein her durch das Elftausendjungfrauengässchen zur Martinskirche hochstieg, erhielt einen ansehnlichen Ablass seiner Sünden.

Wir können uns aber auch vorstellen, dass in vorchristlichen Zeiten der angehende Maikönig nicht nur eine Kletterprüfung zu bestehen hatte. Die meisten Sagen und Mythen berichten von verschiedenen Aufgaben, die ein Held zu lösen hatte: mit Kraft oder List ein Ungeheuer besiegen, zur „Prinzessin" gelangen, die sich an einem unzugänglichen Ort befindet etc. Dies kann ein gläserner Berg, ein Turm oder eine Feuerlohe sein. Jedenfalls braucht er zur Lösung der Aufgaben die Hilfe der Prinzessin/Königin/Göttin. Sie selber wählt den künftigen König. Diese Burg der Prinzessin oder eben der Maienkönigin dürfte im Mittelalter auf dem äussersten Martinssporn gestanden haben. Als einzige in Basel ist die Martinskirche noch heute auf den Sonnenaufgang am ersten Mai ausgerichtet. Von der Martinskirche aus gesehen steigt die Sonne hinter dem Butten- oder Bettenberg (!) von Inzlingen auf. Leider ist der Platz der Martinskirche noch zu wenig archäologisch erforscht, um genaueres über die mittelalterliche, römische oder gar keltische Bebauung zu wissen.

Wahrscheinlich war der Ort zur keltischen Zeit gar nicht bebaut. Er war vielmehr eine Felskuppe, umspült von Rhein und Birsig, ein heiliger Hain, dessen Altarstein oder Menhir auf den Sonnenaufgang am 1. Mai ausgerichtet war. In der heutigen Martinskirche wies mich Kurt Derungs auf ein sonderbares Fresko von 1370 hin. Es stellt eine Art Altarstein oder Menhir dar. Darauf sind Fussabdrücke, wie man sie von Schalensteinen her kennt. Der Stein muss Christus als „Startplatz" in den Himmel gedient haben. Man sieht auf dem Fresko nur noch Jesu Füsse in den Wolken verschwinden. Ansonst erinnert in der heutigen Martinskirche nichts mehr an eine waghalsige Walpurgisnacht oder an eine blumige Maifeier. Das Christentum tat sich sehr schwer mit diesem erotischen Fest, ignorierte es und feierte die dazugehörigen Elemente an anderen Daten (Pfingsten, Fronleichnam, Flurumgänge). Das Patrozinium der Martinskriche passt ebenfalls nicht zu einem Maifest. Der Martinstag ist der 11. November, im Jahreszyklus steht er dem Maifest genau gegenüber. Das Patrozinium der Martinskirche dürfte auf die fränkische Herrschaft zurückzuführen sein. Als sich der Frankenkönig Chlodwig I. im Jahr 489 taufen liess, so bedeutete dies wohl auch für seine Vasallen auf der Basler Festung, dass am Ort des Maienkultes eine christliche Kirche den Ort weiter heiligen müsse. Der geistige Beschützer des katholischen Frankenreiches war der Gallierbekehrer Martin. Was lag also näher, als dass auf dem Sporn eine Martinskirche entstand.

Es gibt in Basel jedoch einen Heiligen, der weit besser geeignet gewesen wäre: der heilige Georg. Historisch gibt die Figur nichts her, er galt als einer der unzähligen kleinasiatischen Märtyrer. Umsomehr hat ihn die Bevölkerung von ganz Europa als verchristlichten Nachfolger des Vegetationsgottes verehrt. Die Menschen nannten ihn „den grünen Georg", oft wurde er als Tanne (Maibaum) oder grüner Busch aus dem Wald in die Dörfer geholt. Zu seinem Fest gehören Wasserbräuche wie das Brunnen schmücken, das heute noch in der Basler Landschaft gepflegt wird. Der grüne Georg spritzt aber auch mit Wasser um sich. (15) In der Landschaft rund um Basel ist er unter dem Namen „Pfingstpflätteri" oder „Pfingstblütteri" bekannt. Dieser wird von einem jungen Mann dargestellt, der völlig von frisch ergrünten Zweigen bedeckt ist. Sein Ziel ist, möglichst viel mit Wasser herumzuspritzen, wobei natürlich vor allem die jungen Frauen einiges abbekommen. Oft landen sie zusammen mit dem Pfingstpflätteri ganz im Brunnentrog. Dies bringe ihnen Kindersegen, heisst es. Wir dürfen uns alle diese alten Frühlingsbräuche noch einiges erotischer vorstellen, als sie heute ausgübt werden. Deshalb ersuchte der Humanist und Theologe Geiler von Kaysersberg um 1500 den Rat von Strassburg, er solle den Pfingstbrauch von Geipolsheim verbieten. Dort zogen am Pfingstmontag nämlich ein nur mit Moos und Flechten bekleidetes Paar, ein „Wildwyp" und ein Wildmann durch die Strassen. Dieser sei manchmal auch mit einem Hirschgeweih gekrönt gewesen. (9) Aber auch in Deutschland und England kämpften Obrigkeit und Kirche jahrhundertelang mit teilweise schweren Strafen und Geldbussen gegen die Wasserbräuche und die Feste rund um St. Georg. (15)

Am eigentlichen Georgstag, eine Woche vor dem 1. Mai, pflegten im Mittelalter die Basler Jugendlichen an die Georgskilbi nach Haltingen zu reiten. Dort liessen sie ihre Pferde segnen. Der Bischof und wohl auch viele reiche Basler Familien hatten dort ihre Rebberge, so dass die Georgskilbi regelmässig zu einem fröhlichen Anlass wurde. Ende 15. Jahrhundert verbot der Rat jedoch den Basler Bürgern, am sogenannten Georgsritt teilzunehmen, weil er revolutionäre Umtriebe befürchtete. (16) Der Ritter Georg, wie er uns als Skulptur am Münsterturm oder auf dem Kohlenberg begegnet, hat mit unserem grünen Georg wenig gemeinsam. Es sind tatsächlich auch zwei ganz verschiedene Legendenstränge, die sich hier vermischt haben. (15) Natürlich verehrte der Adel vor allem den Ritter Georg. Die Baslerinnen und Basler hingegen lieben noch heute einen „Schorsch", der die Züge des grünen Georg trägt. Und dieser ist offensichtlich unsterblich. In den letzten Jahren tauchte er wieder auf – an der Fasnacht. Als „Schorsch vom Hafebecki Zwei" drechselt er wundervolle Schnitzelbänke.

Und wie dürfen wir uns die Basler Maienkönigin vorstellen? Eine keltische Epona, die sogenannte Pferdegöttin, wurde auch in Basel verehrt. Am Birsigübergang unterhalb des Martinssporns fand man einen gallorömischen Weihestein für sie. Doch ähnlich wie die Walküren war Epona für die keltische Bevölkerung weit mehr als eine Göttin der Pferde, Kutscher und Stallknechte. Sie wurde zum Teil mit einem Füllhorn oder Früchtekorb dargestellt wie die drei Matronen oder Muttergöttinnen. (14) Jetzt im Mai am Fuss des Martinsporns tritt sie uns als junge Amazone entgegen – in einer Skulptur von Carl Burckhardt. Obschon sie zum neuen Brückenkopf gehört, scheint sie die Rheinbrücke zu ignorieren und zielstrebig den steilen Rheinsprung und das Elftausendjungferngässchen hinauf marschieren zu wollen. Es sieht fast so aus, als hätte uns auch Carl Burckhardt einen Hinweis auf das Wesen der Maikönigin unseres Mysterienspiels geben wollen. So wie die Basler Amazone aussieht, beteiligt sie sich am Wettkampf. Der künftige Maienkönig muss zuerst sie selber besiegen beim Wettlauf oder Pferderennen. Dieses Motiv finden wir sowohl in der keltischen wie auch in der germanischen Mythologie. Hatte der Held die Gunst der Maienkönigin errungen, so war sein Weg frei vom Maienplatz zum Münsterplatz.

Heilige Hochzeit auf dem Münsterplatz

An der Sommersonnwende ist der Tag am längsten und die Nacht am kürzesten. Astronomisch ist dies um den 21. Juni der Fall. Das Christentum feiert das Mittsommerfest jedoch am 24. Juni, dem Geburtstag Johannes des Täufers. Natürlich wusste niemand, wann Johannes der Täufer Geburtstag hatte. Er galt einfach als das Gegenbild des Sonnenheros. Als dieser im Jahreslauf aufstieg, so stieg jener ab, und umgekehrt. Johannes der Täufer hatte auch in Basel eine Kapelle. Es war die Taufkapelle gegenüber dem Münster. Der Johannestag war in Basel einer der grossen offiziellen Feierlichkeiten. Die Adeligen und die Stadträte mussten jedes Jahr am Johannestag dem Fürstbischof ihre Treue belobigen. Später hielt die Regierung an diesem Tag Hof. In dieser Zeit fand die sogenannte Regimentserneuerung (Wahltag) und anschliessend der Schwörtag, die Vereidigung der Amtsinhaber, statt. Dies alles fand im Mittelalter im Bischofshof neben dem Münster und zum Teil auf dem Münsterplatz statt. Später, als sich das Bürgertum vom Fürstbischof emanzipierte, wurden diese Rituale allmählich ins Rathaus verlegt.

Am Johannestag werden in der Region Basel und vor allem im Elsass die Johannesfeuer entzündet. Alle jungen Männer, die in diesem Jahr erwachsen wurden und somit Armeedienst zu leisten haben, sind für das Fest verantwortlich. Sie wetteifern darin, einen zwanzig bis dreissig Meter hohen und kunstvollen Turm aus Holz zu erstellen, der in dieser Nacht entzündet wird und eine möglichst hohe Feuerlohe ergeben muss. In Basel und Baselland gibt es im Sommer aber noch einen andern heissgeliebten Volksbrauch, den Banntag. Alle Männer und teilweise ganze Familien schreiten gemeinsam oder in Gruppen, den sogenannten Rotten, die Grenze ihrer Gemeinde (den Bann) ab. Jede Rotte wird angeführt von ihrer Fahne, die Hüte sind geschmückt mit dem Banntagmaien, einem Sträusschen aus dreierlei Blumen. Auch die Brunnen und Häuser sind mit dem schönsten Flor und Fahnen geschmückt. Durfte ein Bub zum ersten Mal mit auf die meist anstrengende Banntagwanderung, so wurde er „böbberlet", das heisst kopfüber leicht auf die Grenzsteine gestossen. Dies soll scheinbar helfen, dass er sich die Gemeindegrenze einprägt. Das ist das heute noch gültige Baselbieter Initiationsritual.

In Basel fand eine Machtdemonstration zweifellos im oder vor dem Münster statt. Das Münster bzw. der heilige Hain mit einem Altarstein, der wahrscheinlich vorher an dieser Stelle war, war der wichtigste Kultplatz für die Mittsommerfeierlichkeiten. Am Morgen des 21. Juni fällt der erste Sonnenstrahl präzis durch das mittlere Fenster des Münsters zuerst in die Krypta und dann in den Chor. Dieses Chorfenster ist mit einer Sonne und einer Heiliggeisttaube, also mit dem Symbol des nahen Pfingstfestes, verziert. Symbol und Ausdruck dieser Macht war also die Sonne in ihrem höchsten Stand.

Doch im Münster und seinen Vorgängerbauten wurden noch ganz andere Kräfte verehrt. Wir finden sie abgebildet auf den romanischen Kapitelen. Da wimmelt es nur so von Fabeltieren. Die meisten von ihnen sind aus drei verschiedenen Tierarten zusammengesetzt, aus einem Raubvogel, aus einem Reptil oder Fisch, und aus einem gefährlichen Säugetier. Heute nimmt man an, dass die drei Tiere Symbole für den Kalender und den Jahreslauf darstellten. Oft ist daneben auch ein Mensch abgebildet, der sich auf irgend eine Art mit den Fabeltieren auseinandersetzt. Dabei sind in den seltensten Fällen blutige Drachenkämpfe dargestellt.

Drache auf dem Fussboden des Basler Münsters

Interessant ist, dass aussen und im Münster meistens bärtige Wassermänner dargestellt sind. Dies im Gegensatz etwa zur Stiftskirche von Saint-Ursanne, die zur selben Zeit und teilweise durch die selben Steinmetze errichtet wurde. In Saint-Ursanne ist eine Fischfrau dargestellt, die ein Nixenkind stillt. Könnte es sein, dass der Fluss Doubs, dessen Name keltisch „die Dunkle" bedeutet, als personifizierte Flussgöttin dargestellt wurde? Der „Vater Rhein" hingegen wurde – wahrscheinlich seit frühpatriarchaler Zeit – durch Wassermänner symbolisiert. Den weitaus interessantesten Wassermann zeigte mir Kurt Derungs an einer Säulenbasis im Chor. Er hat drei Gesichter in einem sowie drei verschlungene Fischschwänze. Ein solches Dreigesicht entsprach ganz den keltisch-mythischen Vorstellungen.

Ansonsten stand das Münster vor der Reformation ganz im Zeichen der Gottesmutter Maria und ihrer Familie, sowie dem kaiserlichen Paar Heinrich II. und Kunigunde. Die Krypta unter dem Chor war ein Heiligtum der Mutter Marias, der heiligen Grossmutter Anna. Anna trat die Nachfolge der alten Göttinnen an, die mit Ana oder Dana angerufen wurden, wie zum Beispiel der Berg Annapurna oder der Fluss Donau.

Hl. Anna mit Hebamme nach der Geburt Marias in der Krypta des Münsters

Gleich hinter dem Münster steht zudem eine grosse Katharinen-Kapelle. Katharina selbst – wir sind ihr beim Kapitel über die drei Bethen schon mal begegnet – galt als Braut Christi. Meist wird sie mit langen schönen Haaren und einem (zerbrochenen) Rad dargestellt. Dazu zeigt das Münster an seinem nördlichen Seitenschiff ein wundervolles Lebens- oder Glücksrad. Unser Sonnenheros wurde demzufolge am Ort des heutigen Münsters gleich von drei Göttinnen beziehungsweise ihren Nachfolgerinnen inthronisiert, von der heiligen Anna, von Maria und Katharina. Denn diese Inthronisation und Heilige Hochzeit des Sonnenkönigs war wohl der alte Sinn des Johannesfestes. Das Basler Münster ist übrigens nicht die einzige Kirche, die genau auf die Sommersonnwende ausgerichtet ist. Auch die älteste Kleinbasler Kirche, die Theodorskirche und auf der gleichen geografischen Linie auch die alte St. Martinskirche von Riehen sind auf die Sommersonnwende ausgerichtet. Es sieht aus, als handle es sich bei diesen Kirchen um die „Töchter" des Basler Münsters.

Kaiserpaar Kunigundis und Heinrich am Basler Münster

Die Wende zum Schnitterfest

Es ist erstaunlich, dass die letzten Bauten des Basler Münsters eine wichtige Strasse unterbrechen, die seit mindestens galloromischer Zeit Augusta-Raurica und Cambete/Kembs via Münsterhügel miteinander verband. (2) Dieses Münster stellt sich einem richtiggehend in den Weg. Dabei wären zur Vergrösserung der Kirche auch andere Lösungen möglich gewesen. Doch ich denke, diese Überdekkung der Strasse hatte einen Grund. Mitten auf der Strasse befand sich gemäss Ludwig Berger ein keltisches Gebäude von besonderer Bedeutung „wobei in erster Linie an ein Heiligtum zu denken ist". (17)

Oft waren diese Heiligtümer mitten auf Strassen oder Plätzen sogenannte „heisse Steine" oder Brautsteine. Sie waren der Ort, wo sich bis weit ins Mittelalter hinein die Leute vermählten. Die Kirche setzte das Sakrament der Ehe erst sehr spät ein. Vorher war die Hochzeit eine familiäre Angelegenheit an einem Ahnenstein. Die Brautsteine befanden sich oft vor der Kirche oder beim Rathaus. Aus vielen Gebieten Europas sind ebenfalls Menhire oder Dolmen bekannt, die als Brautsteine benutzt wurden. Die zahlreichen Sagen, wonach Steinreihen versteinerte Hochzeitsgesellschaften seien, weisen auf den alten Brauch der Brautsteine hin. Und nicht zuletzt gibt es den hübschen Kinderreim zum Pfänder auslösen: „Ich sitze auf einem heissen Stein, und wer mich liebhat, führt mich heim". Wer das Mädchen küsst, kriegt sein Pfand wieder. Einen solchen heissen Stein gab es in Kleinbasel noch um 1760 zwischen Richthaus und Metzgerbank, also beim heutigen Café Spitz. Derjenige von Grossbasel befand sich im Mittelalter auf dem früheren Kornmarkt, vor dem Haus zum Pfauenberg, dem alten Rathaus gegenüber. Diese beiden heissen Steine hatten jedoch nicht nur eine Funktion der Liebe, sondern auch eine des Richtens. In Basel galten sie als Gerichtssteine, das heisst, auf ihnen wurden die Urteile verlesen. Gleich daneben stand das „Schäftli", also der Pranger. Und wer als politischer Verbrecher galt, der wurde nicht irgendwo ausserhalb der Stadt aufgehängt. Staatsfeinden wurde die Ehre zuteil, auf dem heissen Stein geköpft zu werden. (18) Es ist daher wahrscheinlich, dass der keltische und noch weiter zurück der vorkeltische heisse Stein sich mitten auf dem höchsten Punkt des Münsterhügels befand. In späteren Jahrhunderten lag er bloss noch als kleiner Steinblock vor dem Münster. Als nun die Kirche die Hochzeit zum verbindlichen Sakrament machte, nahm sie den alten Hochzeitsplatz buchstäblich unter ihr Dach. Der heisse Stein in der Funktion als Richtplatz wurde hingegen vor das Rathaus, früher Richthaus verlegt – oder aber es gab schon immer zwei Steine. Der Hochzeitsstein auf dem Hügel, der Richtstein am Wasser unten. Das Mittsommerfest und der heisse Stein auf dem höchsten Punkt des Münsterhügels markieren die Wende. Deshalb geht der Weg des Sonnenkönigs zurück, links herum im Gegenuhrzeigersinn wieder zur Martinskirche. Denn von jetzt an werden die Tage immer ein ganz klein wenig kürzer. Daher ist die Martinskirche nicht nur auf den Sonnenaufgang vom 1. Mai ausgerichtet, sondern als zweites Datum auch auf den Sonnenaufgang von Anfang August.

Doch noch ist Hochsommer. Die Sommerfrüchte sind reif und das Korn muss gemäht werden. Als rituelle Handlung dafür wurden den Sonnenkönigen ihre Haare geschnitten. Wir kennen das Motiv aus dem alten Testament. Delila schneidet

Samson die Haare. Darauf verliert dieser seine Kräfte. Auch den Merowinger Königen wurden die Haare geschnitten, wenn man sie nicht mehr haben wollte. Ein König ohne Haare hat seine Macht, seine Potenz verloren.

Oben am Chor der Martinskirche zeigt eine Freske aus dem 15. Jahrhundert einen Schnittertanz. Der Tod, wie üblich dagestellt als Skelett, hält Ernte und mäht mit seiner riesigen Sense die gekrönten und ungekrönten Häupter der Basler Gesellschaft ab. Es ist ein sehr dynamisches Bild und dürfte sich auf die Pest- und Kriegszüge beziehen, unter denen Basel litt. Der Tod wird „eingegrenzt" durch ausserordentlich grosse Darstellungen der heiligen Martin und Laurentius. Seit der spätrömischen Zeit wurde Laurentius als einer der wichtigsten Kalenderheiligen verehrt. Er sei auf einem Rost gemartert worden. Sein Feiertag (10. August) fällt zusammen mit den Erntefesten, die in früheren Zeiten in Basel möglicherweise bei der Martinskirche stattgefunden haben. Nur eine gute Ernte im August sicherte das Überleben im Winter. Deshalb war das Einbringen trotz der harten Arbeit ein Freudenfest, das mit Musik und Tanz gefeiert wurde. Die erste und die letzte Garbe auf einem Feld wurde besonders verehrt. Oft wurde sie als Kornmutter interpretiert, als die Göttin der Fruchtbarkeit. Für die Alemannen hiess die Göttin der Fruchtbarkeit Frii oder Frei (Freitag als ihr Tag) und erinnert mit ihrem Wagen, der von Katzen gezogen wurde, an die kleinasiatische Kornmutter Kybele mit dem Löwenwagen. Auch Verena, die Nixe und Wassergöttin der keltischen und vorkeltischen Zeit, verwandelte sich im Herbst zur Müllerin und Mehlspenderin, wie wir aus den Legenden der heiligen Verena herauslesen können. Die Landbevölkerung feiert in dieser Zeit Maria mit den Ähren. Obschon die Kirche Maria an ihrem höchsten Feiertag, am 15. August, zur kosmischen Königin des Himmels erhob, verehren sie die Leute zu dieser Zeit eher als Erd- und Kornmutter. An vielen Orten opfern die Leute an Maria Himmelfahrt riesige Körbe voll Gemüse, Früchte, Getreide und Blumen.

Eine glückliche Jenseitsreise

Wenn wir unseren Sonnenkönig auf seinem Weg links herum um die Stadt begleiten, so treffen wir unten am Birsig, beim Fischmarkt, auf das mittelalterliche Richthaus. Später wurde das Gericht an den Ort des heutigen Rathauses verlegt. Diese wohl älteste Richtstätte war durchaus wörtlich zu nehmen. Diese befanden sich meist in der Nähe von Flüssen. Die Hingerichteten wurden so rasch als möglich dem Wasser übergeben. Nur christlichen Heiligen gelang es in der Regel, ihren abgetrennten Kopf in die Hand zu nehmen und sich am Ufer einen Begräbnisplatz zu sichern (Felix und Regula in Zürich, Urs und Viktor in Solothurn, Placidius in Chur u.a.). Auch in Basel lag der Kultort für den geköpften Heiligen, St. Alban, direkt am Wasser. Der St. Albanskult kam wohl vom keltischen Britannien via Mainz den Rhein hoch nach Basel. „Alban" selbst könnte jedoch gemäss Kurt Derungs ein vermännlichter Name der britannischen Göttin Albion oder Albana, „die Weisse Göttin" (= Mond), bedeuten. Sie gilt auch als Quellgöttin. Daher wird der heilige Alban in England immer auf einer Quelle stehend dargestellt. (18) Interessanterweise wurde das Basler Dalbeloch als vorchristliches Heiligtum einer Quellnymphe angesehen. Wir können uns fragen, ob unser Sonnenheld auch im Dalbeloch seinen Kopf verlor? Es könnte sein. Die heutige St. Albankirche sowie auch der frühmittelalterliche Vorgängerbau waren jedenfalls ziemlich genau geostet. Die aufgehende Sonne dürfte zur Herbst-Tagundnachtgleiche (und am Frühlingsanfang) genau in den Chor fallen. Ebenso imposant ist der Blick am Abend den Rhein hinunter, wenn die sinkende Sonne den Strom vergoldet. Für einen Sonnenkönig ein wahrhaft schöner Ort zum Sterben.

Dass der sakrale König von Basel in seinem Mysterienspiel den gleichen Weg links herum zurückgeht, wie er gekommen ist, gefällt aber ebenso. Es ist ein stimmiges Abbild des Sonnenlaufes, wenn der Wendepunkt beim heutigen Münster an der Sommersonnwende auch tatsächlich vollzogen wird. Der letzte Akt des Dramas findet deshalb dort statt, wo vom Münsterhügel aus die Sonne hinter dem Rosenberg versinkt, oder bei der St. Peterskirche selbst, welche die Tagundnachtgleichen im Herbst und Frühling mit ihrer Ostausrichtung astronomisch bezeichnet. Es ist der Tag des heiligen Matthäus, der 21. September, der im Volksmund „Matthäi am letsche" genannt wird. Der Name Rosenhügel hat kaum etwas mit wirklichen Rosen zu tun. Wildrosen wachsen bei uns ja überall, also waren sie kein besonderes Wahrzeichen. Flurnamen mit Rosen-, Rosengarten oder Rosental bezogen sich in der Regel auf die Farbe rot. Es sind dies Orte der Ahnenverehrung und der heiligen Friedhöfe. (18) Vom Rosenhügel zwischen Allschwil und Hegenheim hat man eine wunderbare Aussicht über die Stadt. Noch im vorigen Jahrhundert stand dort eine Remigius-Kirche. Es gibt noch einen Kirchweiher, und ein Remigiusgässchen führt auf die Höhe. Remigius war der Bischof, der den Frankenkönig Chlodwig I. taufte. Er ist das Symbol der fränkischen Christianisierung und seine Kirchen „tauften" deshalb meist sehr beliebte heidnisch Kultplätze. Doch in den letzten Kriegen wurde die Grenze zwischen Allschwil und Hegenheim mit Bunkern, Niemandsland und Stacheldraht gesichert. Später kamen die grossen Landwirtschaftsmaschinen. Auf dem Rosenhügel dürften demnach kaum noch Zeugnisse aus der Vergangenheit zu finden sein.

War unser Sonnenkönig ein heiliger König der Hallstatt-Zeit (ca. 750 bis 450 v.Chr.), so errichtete man ihm eine grosse hölzerne Grabkammer, wo er samt seinem goldenen Prunkwagen und allen Waffen unter einem grossen Hügel bestattet wurde. Hallstattgrabhügel waren rund um Basel zu finden, zum Beispiel in der Muttenzer Hardt oder an Stelle der heutigen Flughafenpisten. Die meisten waren schon vor Jahrhunderten, wenn nicht gar kurz nach ihrer Aufschüttung, ausgeraubt worden. Schliesslich bezeichnen die alten Sagen oft ziemlich genau, in welchem Hügel eine Fee oder eine Schlange ihre Schätze hütete. Falls unser Held jedoch aus dem galloömischen Oppidum stammte oder gar ein früher Christ war, so wurde er wohl am ehesten auf dem grossen Gräberfeld zwischen der heutigen Aeschenvorstadt und der Elisabethenstrasse beigesetzt. Auf jeden Fall liess es sich unser Held in der Anderswelt gut gehen. Er befand sich an einem Ort, wo ewiger Frühling herrscht und wo er dank seiner Jenseitsgöttin wieder jung und schön wird, sprich durch sie wiedergeboren wird – der alte Sinn der Wintersonnwende und von Weihnachten.

Königin Bertha und die heilige Ursula

Wahrscheinlich wurde unser Sonnenkönig bei der Jagd bloss symbolisch getötet. (6) Dann nahm man ihm während der dunklen Winterzeit die Insignien seiner Macht ab und setzte den Winterkönig an seine Stelle. Der dunkle Winterkönig war der „Hellequin" oder „Hollequin" und überlebte via Commedia dell'Arte als „Harlekin" bis zu unserer Fasnacht. Und noch heute übergibt der Bürgermeister einer Stadt bei Fasnachsbeginn, meist am 11.11. um 11 Uhr 11 seinen Schlüssel, sein Machtsymbol, dem Narrenkönig. Von jetzt an regiert das Chaos, die Dunkelheit sowie das Heer der toten Ahnen.

Das grösste Jahreszeitenfest der Kelten war Samhain (= Sommerende) oder auch Halloween (Hollefest), das in der Nacht auf den 1. November begann. Es galt als Neujahrsfest. Diese Zeit war eine Zeit zwischen den Zeiten, da die Kelten im Sommerhalbjahr bis am 31. Oktober die Tage und ab dem 1. November bis zur Walpurgisnacht die Nächte zählten. Zeit zwischen den Zeiten bedeutet, dass auch Vergangenheit, Gegenwart und Zukunft nicht mehr getrennt sind. Die Feenhügel, d.h. die Grossgräber sind offen und die Ahnen feiern rauschende Feste, zu denen Lebende oft eingeladen werden. Umgekehrt besuchen die Toten die Häuser der Lebenden. Man deckt für sie den Tisch. Oft zogen die Toten auch in grossen Umzügen durch die Siedlungen. Wenn ihnen die Ahnen gut gesinnt waren, so wurden sie von der jenseitigen Welt reichlich beschenkt. Wo die Toten einkehrten, gedieh im nächsten Jahr das Vieh und die Felder besonders gut. Und alsbald wurde auch ein Ahne oder eine Ahnin in der Sippe wieder geboren. Noch unser Wort Enkel bedeutete nichts anderes als „Aehnchen, kleiner Ahne".

Dieser Zug der Totengeister wurde als Mysterienspiel gemimt von Maskierten. Die Maske oder Larve (= Gespenst, Geist) war ein Schutz für die Lebenden, damit sie von den bösen Geistern nicht erkannt würden. Noch im 17. Jahrhundert wurden in Luzern die Maskierten als „sälig Volk" bezeichnet. Diese Züge wurden angeführt von Heerführern, die im alemannischen als Wüeti (Wotan, Wüetisheer), Türst oder Wilder Jäger bezeichnet wurden, oder eben als Hellequin (Höllenkönig), der den späteren Harlekin mit seinem sanften, totenbleichen Gesicht abgab.

Die Königin dieser Totenschar hiess im Süden Deutschlands Perchta, „die Weisse, Leuchtende", daher die bayrischen Perchtenläufe. In der Schweiz und im ganzen burgundischen Gebiet nannte man sie Berta. Im Gegensatz zur wilden Perchta im Alpenraum war die burgundische Berta jedoch eine ausgesprochen milde Unterweltskönigin. Sie war die Spenderin von Gaben aus dem Jenseits. Sie war die holde Berth, ihr Tag der Berchtoldstag. Ein heiliger Berchtold, dessen Fest anfangs Januar stattfindet, ist nirgends bekannt. Deshalb war dieser typisch schweizerische und vermännlichte Feiertag vom 2. Januar, der Bärzelistag als alter Gabentag, wohl schon immer der Festtag der guten Königin Berta gewesen. Mit der Königin Berta lässt sich gut zurückverfolgen, wie die Eigenschaften und Attribute einer Göttin auf historische Königinnen übertragen wurden. So hiessen mehrere burgundische und fränkische Königinnen Berta. Die älteste Berta sei die Mutter Karls des Grossen gewesen. Erst durch die Hochzeit mit ihr sei Pippin der Kurze, der Vater Karls des Grossen, überhaupt zu einem eigenen Reich gekommen. Diese Berta habe einen speziell grossen Fuss, wahrscheinlich einen

Klumpfuss gehabt. Solche Füsse galten als Gänsefüsse, französisch „pied d'auque". Berta war somit die sagenhafte Reine Pédauque. (20) Damit war sie gleichzeitig die Königin der Anderswelt. Auch ihr Zwergenvolk hat Gänsefüsschen, wie wir aus vielen Sagen wissen. Gänse und Schwäne waren diejenigen Tiere, die sich in allen „Welten" bewegen konnten: zu Wasser, zu Land und in der Luft. In Deutschland gibt es Gegenden, wo der Geist der Epiphanias Berta heisst. Sie habe ganz grosse Füsse und eine eiserne Nase. Die guten Kinder wiegt sie in den Schlaf, die bösen bestraft sie. (20) Diese Berta wäre demnach eine Art deutsche Befana. Befana ist noch heute in Italien die alte liebe Hexe, die in der Nacht auf Dreikönig (Epifania) auf ihrem Besen durch die Luft reitet und den Kindern Geschenke durch den Kamin wirft. Gleichzeitig war Berta die Königin mit dem magischen Spinnrocken. Mit dem Spinnrocken, diesem „Szepter der Frauen", regierte im 10. Jahrhundert die gute Königin Berta von Burgund. Sie war die Gattin von König Rudolf II. (um 920). Unentwegt spann sie den schönsten Faden. Selbst auf ihren langen Reisen, die sie als Königin zu Pferd zu unternehmen hatte, legte sie die Spindel nicht aus der Hand. Sie hätte die Frauen und Mädchen in dieser Kunst unterwiesen und die fleissigen reich belohnt, erzählen die Legenden. Ihre Regentschaft sei ein Goldenes Zeitalter gewesen. Deshalb seufzen die Leute im alten burgundischen Gebiet, zum Beispiel in Solothurn, noch heute: „s isch nümme die Zit, wo d Königin Berta no gspunne het." Wir dürfen uns Königin Bertha wohl als eine Mischung der keltischen Pferdegöttin Epona, die ebenfalls als Reichtumsspenderin aus der Andern Welt gilt, sowie einer Norne oder Schicksalsgöttin mit der Spindel vorstellen.

Für die Christianisierung der „heidnischen" Oberschicht war der alte Ahnenkult wohl das grösste Hindernis. Die christliche Erlöserreligion kennt im Prinzip keinen Ahnenkult. Doch die Kirche wusste sich zu helfen. Märtyrer und andere Persönlichkeiten wurden in die Ahnenreihe der wichtigsten Fürsten eingebaut. Die Merowinger gingen beispielsweise so weit zu behaupten, sie würden direkt von Jesus abstammen. Maria von Magdala, kurz die heilige Maria Magdalena, habe als engste Vertraute und erste Apostelin einen Sohn Jesu geboren. Dieser Sohn sei der Stammvater der Merowinger geworden. (20) Die burgundischen Könige wiederum reihten den römischen Märtyrer Mauritius, den Anführer der sogenannten Thebäischen Legion, in ihre Ahnenreihe ein. Der grosse Festtag der Ahnengeister, der 1. November, wurde zum Fest Allerheiligen, der 2. November das Fest Allerseelen. Als Heilige des dritten Feiertages finden wir den heiligen Bertold von Engelberg, der hier wohl die Funktion hatte, den Berthentag zu christianisieren und zu vermännlichen. Und damit ja niemand wagt, einen heidnischen Berthentag zu feiern, wurde das Fest des Oberrheinischen Missionars Pirmin (gründete im 8. Jahrhundert die Klöster Reichenau, Murbach, Gengenbach u.a.) ebenfalls auf dieses Datum gesetzt. Die Kirche betrieb im Verlauf der Jahrhunderte eine sehr wechselhafte Politik. Es gab Kirchenfürsten und Missionare, die alles blutig verfolgten, was nicht dem Buchstaben des Evangeliums entsprach (Martin, Pirmin, Bonifaz, Karl der Grosse). Und es gab solche, die die ganze Natur- und Ahnenverehrung geschickt in die Heiligenverehrung zu integrieren vermochten (Papst Gregor der Grosse).

Doch an welchem Kultplatz und in welcher Heiligengestalt wurde Königin Bertha in Basel verehrt? Dafür gibt es wieder zwei Möglichkeiten. Entweder als heilige Ursula mit ihrem Gefolge, deren Fest Ende Oktober gefeiert wird und die in Basel ebenfalls eine eigene und wohl sehr alte Kapelle hatte. Diese befand sich beim Salzturm gleich neben der Rheinbrücke. Leider können wir ihre genaue Ausrichtung nicht mehr feststellen, da sie bereits im 14. Jahrhundert in ein Wohnhaus umgebaut wurde. Diese Variante passt vor allem dann, wenn wir annehmen, dass der Sonnenheld seine Unterweltsfahrt per Schiff angetreten hat. Dann ist klar, dass er in der Halloween-Nacht mit dem Totenschiff die Welt der Lebenden besucht, genau gleich wie die heilige Ursula und ihre elftausend Märtyrerinnen in Basel mit dem Schiff angelegt haben sollen. Die heilige Ursula und ihr Gefolge waren in Basel äusserst populär. Fast alle Basler Kirchen besassen Reliquien der Märtyrerinnen und Märtyrer in ihrem Gefolge. Und eine der schönsten silbernen Reliquienbüsten überhaupt stellt die heilige Ursula selber dar. Da ihre Augen leicht schielend dargestellt sind, hat sie einen äusserst lebendigen Ausdruck. Diese Büste der heiligen Ursula wurde bei der Kantonstrennung von Baselland versteigert und gelangte erst 1955 durch einen spektakulären Kauf wieder nach Basel zurück. Auch diese Reliquienbüste fuhr mit dem Schiff den Rhein hinauf, feierlich dekoriert und begleitet von allen Basler Schulmädchen, die ebenfalls den Namen Ursula trugen.

Wenn wir von der ehemaligen Ursulakapelle unten im Tal dem Birsig entlang hochgehen, so kommen wir zum Andreasplatz. Dort stand bis vor rund hundert Jahren eine sehr alte Andreaskirche. Der heilige Andreas gehört auch in die dunkle Zeit, da er am 30. November gefeiert wird. Von der Ursula-Kapelle über den Andreasplatz zum Ort, wo der Birsig das Stadtgebiet betritt, ergibt sich ein schöner Weg durch den Talgrund und ebenso durch die dunkle Zeit des Jahres. Doch die andere Möglichkeit ist, den Sonnenweg weiter zu gehen, um einen anderen Kultplatz der Unterweltsgöttin zu finden. Das heisst: man geht von der Kirche der Herbst-Tagundnachtgleiche, also von St. Peter, links gegen den Uhrzeigersinn bis zur Leonhardkirche.

Diese ist interessanterweise nicht auf den Sonnenaufgang anfangs November ausgerichtet. Immerhin hat die Leonhardkirche ein Patrozinium, das auf den Spätherbst verweist. Das Fest des Kirchenpatrons Leonhard ist der 6. November. Dieser hat im 6. Jahrhundert als Einsiedler in Limoges gelebt und soll ein Schüler von Bischof Remigius, dem merowingischen „Hofbischof", gewesen sein. Zahlreiche Legenden machten ihn anschliessend zum Schutzpatron der Pferde. Hier dürfte er die Nachfolge der Epona auf dem weissen Unterweltspferd angetreten haben. Vor allem in Süddeutschland und Österreich gibt es noch zahlreiche Leonardi-Pferdeprozessionen, Reitwettkämpfe und Pferdesegnungen. An Leonardi konnte man zum Teil mit dem Pferd bis vor den Altar reiten, oder man musste die Kirche drei Mal mit dem Pferd umrunden. Zudem gilt der heilige „Lieni", wie man ihn volkstümlich in Basel nennt, als Löser aller Fesseln und Bindungen im weitesten Sinn. Dies dürfte auf eine Gleichsetzung seines Namens mit dem französischen „lien" (Bande, Fessel) beruhen. So wurde er zum Schutzheiligen bzw. Befreier von Gefangenen. (Ironie der Geschichte, dass der Basler Lohnhof zu St. Leonhard hundert Jahre lang Untersuchungsgefängnis war!). Lieni verhalf aber auch zu einer leichten Entbindung, weshalb ihn die werdenden Mütter verehrten. Hier dürfte der Eremit wohl eher die Funktion einer Muttergöttin übernommen haben. Diese Muttergöttin könnte in keltischer Zeit wiederum Epona gewesen sein, die man in drei Gestalten verehrte: als Unterweltsgöttin und Anführerin der Totengeister auf dem grauen Pferd, als fruchtbare Erdgöttin mit dem Füllhorn oder Früchtekorb, und als junge Amazone auf dem weissen Sonnenpferd. (14) Wir werden am Fest der Lichtmess-Fohlen nochmals darauf zurückkommen. Die Krypta der Leonhardskirche ist dem Mauritius, dem Hausheiligen der Burgunder geweiht. Diese Heiligen kamen entweder bereits im 6. oder 7. Jahrhundert nach Basel, als die Stadt zusammen mit dem Burgunderreich zu Austrasien gehörte. Oder sie stammen aus der Zeit von 888 bis 999, als Basel direkt zum Burgunderreich gehörte. Die Leonhardkirche selber wurde jedoch erst nach der Jahrtausendwende gebaut. Die neusten Ausgrabungen auf dem Lohnhof bestätigten die Urkunden, dass vorher an diesem Platz eine „lustige Allmend" zu finden war.

Der Lällenkönig

Das neue Leben entsteht aus dem tiefsten Dunkel, aus dem grössten Chaos. Dies jedenfalls war die Vorstellung in alter Zeit. (14) Genau wie das neue Sonnenlicht aus der dunkelsten Zeit herauswächst, so wird der mythische Sonnenheros in einer Höhle geboren oder wiedergeboren. Eine solche Höhle war möglicherweise die Grotte von Mariastein. Als alljährlicher Kultort oder als Ziel einer Prozession für die Bevölkerung von Basel war dieses Heiligtum wahrscheinlich zu weit weg. Viel näher erreichbar ist der Hügel von St. Margrethen. Die heilige Margarethe mit ihrem Drachen ist als Beschützerin der Gebärenden am richtigen Ort. Zudem gab es auf dem Bruderholz ein „Kindlibaum". Aus dessen hohlem Stamm kamen die kleinen Kinder von Basel bzw. die Ahnen- und Kinderseelen.
Neues Leben entsteht nicht nur im Dunkel einer Höhle, es kann auch aus dem Wasser kommen. Der Ort, wo die kleinen Kinder vor ihrer Geburt weilen, wird heute noch scherzhaft als „Fröschenweiher" bezeichnet. Der Transport vom Fröschenweiher zur Mutter wird vom Storch erledigt, wobei der Storch als Kinderbringer erst in neuerer Zeit von Deutschland her übernommen wurde. (23) Der Basler „Dorfbach", der Birsig, bildete früher wohl mehrere solche Fröschenweiher. Ich denke daher, dass der Geburtsort des neuen Sonnenkindes am Birsig, am Fuss des Margrethenhügels oder am Fuss des Leonhardberges liegt. Und hier finden wir tatsächlich wieder eine Kirche, deren astronomisch-kalendarische Ausrichtung stimmt. Die Barfüsserkirche ist auf den Sonnenaufgang zur Wintersonnenwende ausgerichtet. Die Kirche wurde allerdings erst im 13. Jahrhundert gebaut. Eine kleine Vorgängerkirche war wie das Münster Richtung Sommersonnenwende orientiert, so dass hier zwei wichtige Daten im Jahreskreis zusammenkommen. (25) Die Reuerinnen vom Magdalenenkloster und wenig später die Franziskaner errichteten im 13. Jahrhundert ihre Klöster unten am Birsig. Die Reuerinnen waren ein Orden, der umkehrwilligen Prostituierten ein christliches Leben ermöglichen wollte. Auch die Franziskaner missionierten sehr volksnah.

Vielleicht empfanden sie deshalb den Mangel einer „Weihnachtskirche" in Basel und richteten den Neubau der heutigen Barfüsserkirche auf die Wintersonnwende aus.

Die Wintersonnenwende war die Wende unseres Weges. Jetzt steigen wir wieder hinauf zum Leonhardsberg. Hier treffen wir nochmals auf den „Lieni", jetzt jedoch in verjüngter Form. „Dr Lieni machen" bedeutet auf Baseldeutsch so viel wie „dr Löli machen". Und Löl ist niemand anderes als der junge Sonnengott. Für die Alemannen und Franken war der Löl der kleine Gott, der noch nicht richtig reden konnte und darum lallte. (26)

Lällenkönig an der Basler Turmuhr

Die heiligen Tiere des Löl waren die hellgrauen Fohlen, die zu den schneeweissen Sonnenpferden heranwuchsen (Schimmel werden mit einem grauen Jugendfell geboren). Ein altes süddeutsches Wort für Fohlen war „Has". Has bedeutet grau und war eine Umschreibung sowohl des heiligen Hasen als auch des heiligen Fohlens. Jetzt wird verständlich, weshalb der Name „Hasenburg" alles andere war als ein „château lapin", wie die berühmte Basler Beiz heute heisst. Die Hasenburg oder vielmehr der Hasenberg, nach dem der grosse Basler Fürstbischof Burkhard von Fenis genannt wurde, dürfte der heilige Hain gewesen sein, wo die Fohlen des Löl weideten. Zudem wird auch verständlich, weshalb der vorchristliche Kultort des Löl vom Pferdepatron St. Leonhard verchristlicht wurde. Bevor die Leonhardskirche gebaut wurde, sei an dieser Stelle eine „lustig Allmend" (7) gewesen. Denkbar ist, dass diese lustige Allmend ein lichtes Wäldchen war. Denn ein Hain aus niederen Büschen hiess Loh (noch heute heisst eine Basler Strasse „im langen

Loh"). War also hier der Loh des Löl mit den Schimmelfohlen? Ein anderer Name für Löl war Frô. Frô war der Brudergatte der Göttin Frej oder Frigg. Auf dem Bruderholz gibt es noch heute den Flurnamen „Froloh". Dies müsste demnach ebenfalls ein heiliger Hain mit weissen Pferden gewesen sein. (26) Ein „alter Löl" ziert als Wahrzeichen den Grossbasler Brückenkopf: der Lällenkönig. Ein König und Narr zugleich, streckt er trotz würdiger Krone auf dem Haupt jedem Passanten frech die Zunge heraus. Die Kopie an der Fassade des Restaurants Lällenkönig funktioniert heute elektrisch. Das Original hängt samt seinem alten Uhrwerk im Historischen Museum.

In die Zeit des Löl vom ersten Februar bis Frühlingsanfang fällt der Höhepunkt der Fasnacht. Noch dürfen die Narren die Welt verkehrt herum regieren. Kinder und Narren sagen die Wahrheit. Unser junger Löli ist wohl beides: Kind und Narr. Dabei ist es bemerkenswert, dass von allen Mysterienspielen ausgerechnet das Narrenfest, die Fasnacht, die Jahrhunderte am besten überstand. Über ihre Bedeutung und ihre einzelnen Figuren sind schon unzählige Bücher geschrieben worden. Immer wieder wurde die Fasnacht totgesagt oder verboten. Jedes Jahr bricht sie in alter Frische dennoch über diese Stadt herein.

Lällenkönig aus dem Jahr 1845

Walter Eichin und Andreas Bohnert

Das Belchen-System

Die Frage, ob die Kelten und ihre Vorgänger in unserer Region einst nicht ähnlich beschaffene, astronomisch-kalendarische Ortungssysteme entwickelt hatten, wie sie von anderen Ländern (England, Irland, Frankreich etc.) her bekannt sind, stand am Anfang dieser Untersuchungen.[1] Denn die Idee, gewisse Berge gleichen Namens in drei benachbarten Mittelgebirgen um den südlichen Oberrhein hätten vielleicht auch geographisch-astronomische Beziehungen zueinander, war einleuchtend. Überraschend positive Messergebnisse deuten nun tatsächlich auf einen kalendarischen Ursprung der Belchen-Toponymie und bestätigen damit die Meinung mehrerer kompetenter Sprachforscher in Deutschland, Frankreich und der Schweiz, welche die vordeutsche und vorromanische Herkunft des Bergnamens vertreten. Weitere Fakten aus verschiedenen Fachgebieten, die sich dem jetzt entstehenden Bild grossartiger Kenntnisse und Leistungen der keltischen und vorkeltischen Bevölkerung auch in unserem Raum sinnvoll einfügen liessen, bestärkten uns in der Gewissheit, dass wir es nicht mit einem „Syndrom von Zufällen" zu tun hatten.

Obwohl antike Autoren seit Herodot die Länder an der oberen Donau als seine Heimat bezeichnet haben, herrschte bis vor wenigen Jahrzehnten noch weithin Unklarheit über Herkunft und Alter dieses eigenartigen und vielschichtigen indoeuropäischen Volkes. Doch weisen neuere Funde und Forschungen darauf hin, dass die Vorfahren der später Kelten genannten Sprachgruppe vielleicht schon seit der frühen Bronzezeit (ab 1800 v.Chr.) den Raum zwischen Ostfrankreich und Böhmen sowie zwischen mitteldeutschem Gebirgsland und nördlichen Voralpen besiedelt hatten. Von der mittleren Bronzezeit an breiteten sich diese „Einwanderer" dann in mehreren Wellen nach Westeuropa (Gallien, Britannien, Irland) aus, nach ihren Bestattungsriten zuerst als Hügelgräberkultur und danach als Urnenfelderkultur der späten Bronzezeit (1500 bis 1250 und 1250 bis 800 v.Chr.).

Das eigentliche Keltentum (nach archäologischen und sprachwissenschaftlichen Kriterien) wird aber erst in der Periode der Hallstattkultur (800 bis 500 v.Chr.) mit der Einführung und Verbreitung des Eisens erweisbar, die von ihrem Zentrum in Oberösterreich über den grössten Teil des nun weitgedehnten keltischen Sprach- und Kulturgebietes ausstrahlte. Die nachfolgende „Latène-Periode", eine Zeit sozialer und kultureller, künstlerischer und religiöser Differenzierung, wurde dann für die Kelten des Kontinents die letzte grosse Blütezeit im eigenen Sprachraum. Die während dieser Phase erfolgten Ausgriffe und Invasionen nach Südfrankreich, auf die iberische Halbinsel, nach Irland, Oberitalien und in die

Donauländer, auf den Balkan, nach Griechenland und Kleinasien sind in der Literatur des Altertums vielfach bezeugt. Gegen Ende der Latènezeit scheint sich jedoch das Keltentum erschöpft zu haben: Die allmähliche Zurückdrängung durch die Germanen im Norden und die etappenweise Eroberung fast aller keltisch sprechenden Länder im Westen, Südwesten und Südosten Europas durch die Römer stützen diese Annahme. Trotzdem kann eher von einer „positiven" Anpassung als vom Untergang der keltischen Kultur und Religion gesprochen werden. Denn seit dem 1. Jahrhundert v.Chr. hatte sich in den dem Imperium einverleibten Ländern eine keltisch-römische Mischkultur (im Westen gallo-römische Kultur) entwickelt, deren Sprache zwar vorwiegend lateinisch war, deren Fundament aber aus der keltischen Tradition bestand. Im Gegensatz hierzu konnten sich bei den Inselkelten in England, Schottland und Irland, aber auch in der Bretagne die ursprünglichen Idiome, und damit altes Kulturgut zum Teil bis heute erhalten.

Der Sprachforscher W. Kleiber schreibt in seinem Aufsatz über das voralemannische Substrat im Schwarzwald: „Die Bevölkerungsgeschichte des heute deutschsprachigen Südwestens in voralemannischer Zeit steckt noch voller ungelöster Probleme. Wir wissen, dass Südwestdeutschland ursprünglich keltisch war. Ende des 2. oder zu Beginn des 1. Jahrhunderts v.Chr. wurden die Helvetier von nach dem Süden drückenden germanischen Stämmen über den Rhein gedrängt... Zur Zeit Caesars war also der Rhein zur Grenze zwischen Germanen und Kelten bzw. dem römischen Machtbereich geworden... In der nachcaesarischen Zeit wandern rechtsrheinische Germanenstämme nach Osten und Westen ab... Eine neue Phase leitet die römische Besetzung der ‚agri decumates', unter Vespasian (73/74) und Antonius, ein. Nach dem Abzug, zuerst von Kelten, dann von Germanen, muss auf rechtsrheinischem Gebiet ein mehr oder weniger siedlungsleeres Gebiet entstanden sein. Das neu besetzte Gelände wird denn auch mit Siedlern aus Gallien aufgefüllt, wie Tacitus (Germania, Kap. 29) berichtet... 260 war nach dem Fall des Limes der Rhein erneut Grenze geworden. Dem Spätrömertum gelang es, die Rheingrenze im grossen und ganzen noch fast zwei Jahrhunderte zu halten. Zwischen 350 und 406 erfolgt die Besitznahme des Elsass, spätestens nach 455 die grosser Teile der Schweiz. Erneut und dringlicher stellt sich die Frage nach der physischen, ethnischen und kulturellen Kontinuität der von den Alemannen unterworfenen Bevölkerung, insbesondere im Raum der ‚agri decumates'. Die (deutsche) Forschung neigt sehr dazu, hier ein rasches und nahezu völliges Abbrechen allen römischen Lebens anzunehmen; ganz im Gegensatz dazu hat die Schweizer Forschung südlich des Hochrheins vor allem aufgrund namenkundlicher bzw. sprachwissenschaftlicher Untersuchungen einen längeren Fortbestand voralemannischer Kultur und Sprache über die Landnahmezeit hinaus nachweisen können. Christlich-römische Bewohner haben sich hinter den festen Mauern und Kastellen behauptet; auch auf dem offenen Land, besonders in den Gebirgsgegenden, müssen Alemannen und Galloromanen noch lange als ethnisch getrennte Volksgruppen nebeneinander gesiedelt haben." In noch grösserem Masse dürften diese Befunde ihre Parallelen im Elsass und in den Vogesen haben.

Der Belchenname

Grosse Schwierigkeiten bereitete das etymologische Problem der Deutung des Bergnamens „Belchen". Obwohl viele der früheren Sprachforscher eine Abstammung aus dem Keltischen vermutet hatten, setzte sich aber seit 1930 besonders bei deutschen Linguisten die Auffassung durch, „Belchen" sei ein alemannisches Wort und beinhalte etwa das gleiche wie der noch am Bodensee gebräuchliche Vogelname „Belchen" für Blässhuhn (lat. fulica), nämlich „die weithin sichtbare weisse Stirnplatte bzw. die Berge dieses Namens nach ihren kahlen, hellen Gipfeln". Das Wort sei deshalb auf die indoeuropäische Wurzel „bhel" = „schimmernd", „leuchtend" oder „weiss" zurückzuführen.[2]

Aber hatte nicht schon F. Hockenjos darauf hingewiesen, dass die frühere Bewaldung der Belchengipfel eine Ableitung des Namens aus dem Alemannischen sehr fraglich mache?[3] Und nach verschiedenen Deutungsversuchen des Wortes aus dem Keltischen kommt er zu folgendem Schluss: „Nichts hindert also an der Annahme, dass auch die drei Belchen vorgermanische Kultstätten waren und in ihrem heutigen Namen deutscher wie französischer Form den Namen des auf ihnen verehrten keltischen Gottes bewahrt haben. Ob dies nun der gallo-römische Apollo Belenus oder Mars Beladu, der Sonnen- oder der Kriegsgott... gewesen ist, müssen wir nach dem heutigen Stand der Forschung dahingestellt sein lassen, wenngleich es reizen mag, die von Natur aus georteten drei Belchen gerade mit dem Sonnenkult in Beziehung zu setzen."

Doch konnten erst neuere Forschungsergebnisse der Germanistik solche Mutmassungen bezüglich der Herkunft des Bergnamens bestätigen: „Belchen" dürfte demnach vom keltischen Bergnamen Bel(a)ka ins Alemannische übernommen worden sein.[4] So sind wohl auch aufgrund einer jahrzehntelangen linguistischen Fehldeutung die geradezu auffälligen „Visier"-Beziehungen zwischen den Belchen-Bergen in Vogesen, Jura und Schwarzwald bisher der Aufmerksamkeit der zuständigen Forschung entgangen. Dass diese Berge aber nun wirklich den Namen des Sonnengottes Belenus/Bel(a)kus tragen, wurde erst durch die Entdeckung der topographisch-astronomischen Kongruenz mit möglichen Kultstätten des keltischen Kalenderjahres offenkundig.

Ausser den bekannteren Göttern wie Taranis, Himmels- und Donnergott, Esus, Erd- und Vegetationsgott, Teutates, Gott des Volkes und dazu vielen Triaden von Muttergöttinnen verehrten die Kelten vor allem die Gottheiten von Sonne und Mond. Nach ihrem Wandel wurden die beiden Kalender ausgerichtet, die den Kreislauf des Jahres für eine überwiegend bäuerliche Bevölkerung mit Festen für Aussaat, Fruchtbarkeit, Reifung und Ernte regelten. Der Zyklus des Sonnengottes mit seinen stets gleichen Stationen, die die „grosse Zeit" einteilten, garantierte die Dauer und war gleichzeitig ein Symbol der ewigen Wiederkehr in einer Welt der Vergänglichkeit. Die Namen dieses Gottes waren Bel, Belenus, Belinus, Belios oder Belen (Bellen), welches „der Leuchtende" bedeutet.

Die Wurzeln des keltischen Sonnenkults reichten gewiss tief in die Vergangenheit zurück, sowohl zu den Kalenderheiligtümern der jungsteinzeitlichen und bronzezeitlichen Megalithkultur als auch zu den Tempelstätten der Mittelmeervölker. Über den wichtigsten Sonnentempel des Altertums, der heute allgemein mit Stonehenge in England identifiziert wird, schrieb Diodorus Siculus, ein Zeitgenosse Cäsars, folgendes: „Hekateus und einige andere berichten, dass oberhalb des Landes der Gallier im Ozean eine Insel unter dem Grossen Bären liege, nicht kleiner als Sizilien, die von den Hyperboräern bewohnt wird... Ihre Bewohner verehren Apollo mehr als jeden anderen Gott. Ein heiliger umschlossener Platz ist ihm geweiht und ein prächtiger Rundtempel mit vielen Votivgaben..." Und der galloromanische Dichter Ausonius von Burdigala (Bordeaux) berichtete im 4. Jahrhundert von einem Tempelpriester des Gottes Belenus namens Phoebicius. Dies ist ein Beiwort des Apollo in seiner Eigenschaft als Sonnengott. In der römischen Alpenprovinz Noricum wurde Belenus als Hauptgott verehrt, im südlich davon gelegenen Aquileia an der Adria wurde er mit Apollo gleichgesetzt.

Weil Belenus-Apollo bei den Kelten nicht nur ein Gott des Lichts und des Lebens, sondern auch ein Gott des Todes und damit der Auferstehung war, wurden an seinen Festen, von denen der Sonnenkalender acht kannte, ihm zu Ehren nicht nur grosse Feuer entzündet, um welche man die Kultreigen tanzte, sondern auch Menschenopfer dargebracht.

Astronomische Kenntnisse

Dass einige der prähistorischen Völker Europas bereits über ein erstaunliches astronomisch-geometrisches Wissen verfügten, ist allgemein bekannt. Nach den wegweisenden Forschungen der Astronomen R. Müller und A. Thom beweisen eine Vielzahl von natürlichen und künstlichen Visierlinien (Visuren) an vorgeschichtlichen Stätten, dass die Menschen der Jungsteinzeit (4000 v.Chr.) und insbesondere die der westeuropäischen Megalithkultur durch die Beobachtung des Sonnenlaufs über lange Zeiträume hinweg zu einer ziemlich genauen Jahreseinteilung gelangt waren. Auch die Bewegungen von Mond, Planeten und Fixsternen waren demnach so exakt gemessen worden, dass ein astronomisches Zählwerk wie Stonehenge schon sehr früh eingerichtet werden konnte. Über die praktischen Fähigkeiten der Megalithiker und ihrer Nachfolger schreibt R. Müller: „Bei der Erforschung der megalithischen Steingehege tritt klar zutage, dass die Bauherren überaus tüchtige Geometer waren." Und: „Die so oft himmelskundlich ausgerichteten Steindenkmäler verraten ein ausgezeichnetes messtechnisches Können." Das komplexe und differenzierte Wissen ihrer Nachfahren zeugt von der langen Dauer dieser Tradition. Am deutlichsten zeigt es sich aber bei der Gestaltung der beiden Kalender, eines lunaren und eines solaren, von denen der letztere im Mittelpunkt unserer Betrachtungen steht.

Im allgemeinen benutzten die Kelten einen Mondkalender, welcher in fünfjährigem Rhythmus mit Monaten zu 29 oder 30 Tagen und durch Einschaltung von zwei zusätzlichen Monaten dem Sonnenjahr angeglichen wurde, wie aus dem Kalenderfragment von Coligny zu ersehen ist. Einen reinen Sonnenkalender gab es nach den Berechnungen von A. Thom in der Megalithzeit: Das Jahr begann am Frühlingspunkt und wurde in sechzehn Abschnitten zu 22 oder 23 Tagen so aufgeteilt, dass die vier wichtigsten Daten, die Solstitien (Sonnwenden) und die Äquinoktien (Tag- und Nachtgleichen) als feste Kalendermarken hervortraten.

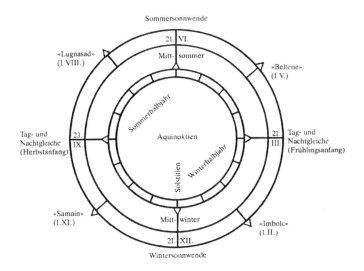

Kalenderrad mit dem keltischen und dem megalithischen Kalender

Äusserer Kreis:
  Keltischer Kalender mit den 4 Hauptfesten, jeweils etwa 40 Tage nach den Kardinalpunkten des Sonnenkalenders. Die Achse 1. XI. / 1. V. schied das Sommer- vom Winterhalbjahr.

Innerer Kreis:
  Megalithischer Kalender mit den 4 Kardinalpunkten und der Einteilung in 16 Abschnitte zu 23 bzw. 22 Tagen. (nach A. Thom und R. Müller)

Ein anderer Sonnenkalender, wie er sich vor allem in Irland seit der Bronzezeit erhalten hatte, folgte eher dem Ablauf des bäuerlichen Jahres: Seine vier Feste lagen zwischen den astronomischen Koordinaten – mit regionalen Unterschieden, bedingt durch geographische Breite, Höhenlage und sonstige klimatische Gegebenheiten. Die der irischen Überlieferung entnommenen Namen lauten *Imbolc* „Reinigung", *Beltaine* „Bel-Feuer", *Lugnasad* „Hochzeit des Lug" und *Samuin* „Sommerende". Bei der Einführung des Julianischen Kalenders durch Caesar im Jahre 46 v.Chr. wurden die keltischen (gallischen) Feiertage einheitlich auf jeweils vierzig Tage nach den Kardinalpunkten festgelegt, d.h. auf den 1. Februar, den 1. Mai, den 1. August und den 1. November – wohl nach dem Vorbild des Erntefestes in Lugdunum/Lyon am ersten August.

Ähnlich den vorzeitlichen Bergsonnenuhren bei Hallstatt, die wahrscheinlich nicht nur den Tages-, sondern auch den Jahreslauf der Sonne anzeigten, muss es sich bei den Beziehungen der Belchen-Berge in Vogesen, Jura und Schwarzwald um ein grossräumiges, korrespondierendes Beobachtungssystem für den Sonnenkalender gehandelt haben. Die Visierlinien über die Belchengipfel markieren eindeutig Stationen des Sonnenjahres mit seinen wechselnden Vegetationsperioden, deren Gewicht für Leben und Überleben einer Agrargesellschaft unserer Breiten kaum richtig eingeschätzt werden kann. Diese elementare Abhängigkeit erklärt Notwendigkeit, Nutzen und Ansehen eines besonderen Standes von „Wissenden", der mit seinen Erfahrungen und Einsichten in die Gesetzmässigkeiten der Natur Lebensweise und Charakter eines Volkes vom wirtschaftlichen bis zum religiösen Bereich prägte. Auffindung und Zuordnung, also die Entdeckung der Kongruenz solarer Kardinalpunkte mit bedeutenden Erhebungen in den Mittelgebirgen um den südlichen Oberrhein durch „Astronomen" hatte dann zur Einrichtung eines Systems von Bergvisuren geführt, dessen wichtigste Aspekte im folgenden nachvollzogen werden.

Als Hauptbeobachtungspunkt diente der Elsässer Belchen, von dem aus bei klarer Sicht die Sonnenaufgänge zur Zeit der Tag- und Nachtgleichen über dem Schwarzwaldbelchen und zum Mittwinter über dem Jurabelchen (genauer: Tödi/Scherhorn) wahrgenommen werden können. Umgekehrt sind – unter Berücksichtigung einer Verschiebung von wenigen Tagen – die entsprechenden Sonnenuntergänge von den genannten Aufgangsbergen aus über den Gipfel des Elsässer Belchens anzuvisieren. Auch dem höchsten der fünf Belchen (und nur diese kommen hier in Betracht) kam kalendarische Bedeutung zu: Denn die Visierlinie vom Elsässer zum Grossen Belchen ermöglichte die Bestimmung zweier typisch keltischer Jahresfeste. Den Sonnenaufgang Anfang Mai (Beltene) und Anfang August (Lugnasad). Die Visur vom Grossen zum Elsässer Belchen hingegen bezeichnete die beiden anderen wichtigen Feste. Mit dem Sonnenuntergang am 8./9. November begann nicht nur das Winterhalbjahr, sondern auch das keltische Neujahr (Samain = Sommerende), und beim Sonnenuntergang Anfang Februar das Imbolc-Fest; in christlicher Zeit zu Maria Lichtmess geworden. Die ursprünglich vermutete Fluchtlinie vom Elsässer zum Kleinen Belchen an der Sommersonnwende bestätigte sich nicht: Die Sonne geht an diesem Tag über dem vier Sonnenbreiten (2°) weiter östlich gelegenen Markstein auf, eine wohl nicht rein zufällige Namensbezeichnung. Dazu kann vom Behlen bei Kandern aus der Sonnenuntergang am gleichen Tag über dem fernen Kleinen Belchen beobachtet werden.

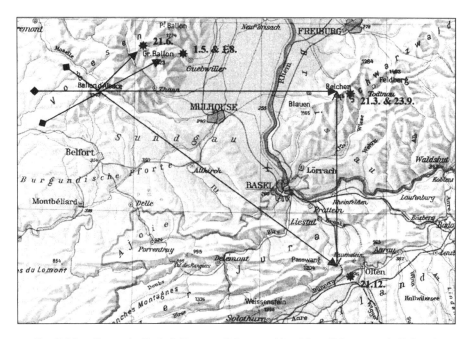

Das Belchen-System im Dreieck Vogesen, Schwarzwald und Jura. (Messungen A. Bohnert)
Legende: ✱ Sonnenaufgänge, ◆ Sonnenuntergänge, ↔ Nord-Süd-Linie

Geographisch-kalendarische Tabelle (Werte um 100 v.Chr.)

Beobachtungspunkt – Visierlinie	Datum – Bezeichnung - Jahresfesttag
Sonnenaufgänge ✱	
Ballon d'Alsace – Badischer Belchen	21. März und 23. September Tagundnachtgleichen Frühlings- und Herbstanfang
Ballon d'Alsace – Belchenflue im Jura (westlich von Olten: Tödi-Scherhorn)	21. Dezember Wintersonnwende Winteranfang
Ballon d'Alsace – Gr. Ballon	3./4. Mai und 9./10. August Beltaine und Lugnasad
Ballon d'Alsace – Markstein (östlich vom Pt. Ballon)	21. Juni Sommersonnwende Sommeranfang
Sonnenuntergänge ◆	
Belchen im Schwarzwald – Ballon d'Alsace	21. März und 23. September Tagundnachtgleichen Frühlings- und Herbstanfang
Belchenflue im Jura – Ballon d'Alsace	21. Juni Sommersonnwende Sommeranfang

Gr. Ballon – Ballon d'Alsace	2./3. Februar und 8./9. November Imbolc und Samain
Anhang:	
Behlen bei Kandern – Pt. Ballon	21. Juni, Sommersonnwende Sommeranfang
„Belchen" bei Fisibach (Aargau) – Belchen im Schwarzwald	21. Juni, Sommersonnwende Sommeranfang
Gewann „Belchen" bei Tegerfelden (Aargau) – Jurabelchen	21. Dezember, Wintersonnwende Winteranfang

Entfernungen:
A. Ballon d'Alsace – Belchen im Schwarzwald: 74 km
B. Ballon d'Alsace – Belchenflue im Jura: 88 km
C. Belchen im Schwarzwald – Belchenflue im Jura: 51 km

Feuerbräuche und Sagen

Auf vorchristliche Zeiten zurück gehen die Feuerbräuche mit ihren verschiedenen Formen, von denen das Scheibenschlagen, das Radrollen, das Verbrennen von Strohpuppen, das Errichten von Feuertürmen und das Abbrennen der Johannisfeuer in unserer Region die bekanntesten sind. Dass sie mit den vier Jahrespunkten des Sonnenzyklus zusammenfallen (Abweichungen erklären sich durch die Einfügung ins Kirchenjahr), weist auf die Herkunft aus einer Zeit hin, in der die Hauptfeste der Kelten noch nicht jeweils 40 Tage nach den Solstitien bzw. Äquinoktien gefeiert wurden.

Die älteste dieser Kultformen stellt wahrscheinlich das Scheibenschlagen dar, denn das Rad, ebenso wie die Scheibe ein Sinnbild der Sonne, wurde erst später erfunden.[5] In den Annalen des Klosters Lorsch bei Mannheim vom Jahre 1090 wird es als Ursache für den grossen Brand vom 21. März angegeben, dem genauen Datum des Frühlingsanfangs. Für die Nordvogesen ist es im Frühjahr und zu Johanni, im nordwestlichen Jura und im Sundgau an Fastnacht nachweisbar. Im Schwarzwald ist es besonders an seinem Südwestrand noch überaus lebendig. Dabei sind die glühenden Scheiben, die vielleicht seit Jahrtausenden in hohem Bogen ins Tal wirbeln, gewiss nicht nur Wintervertreibung, Wachstums- oder Glücksorakel, sondern hängen, wie die Daten der Scheibenfeuer zeigen, eng mit dem Lauf der Sonne zusammen.

Eine andere Sitte ist das von Bergen hinabrollende feurige Rad, „Sonnen"-, „Lebens"- oder „Glücksrad" genannt, die sowohl aufgrund ihrer räumlichen Verbreitung als auch wegen der zeitlichen Übereinstimmung mit dem Scheibenschlagen nahe verwandt ist. Der älteste Hinweis darauf stammt aus einer Missionspredigt des hl. Eligius (gest. 659 zu Noyon) zum Johannisfest und ein weiterer aus dem 12. Jahrhundert.[6] Um 1520 berichtet der Humanist Johannes Bohemus aus Würzburg: „Zu Mitterfasten hat damals die Jugend ein strohumwickeltes Rad brennend zu Tal gerollt, so dass alle, die es noch nicht gesehen hatten, glaubten, die Sonne oder der Mond falle vom Himmel." Auch die Kaysersberger Urkunden sprechen vom „sunig Rad", und A. Pfleger deutet den Frühjahrsbrauch wie folgt: „Sonne sollte Sonne wecken und die Felder befruchten." Zum Radrollen an Johanni meint A. Stöber in der Alsatia von 1851, dass es „ursprünglich ein Sinnbild der sich nun abwärts neigenden (Bahn der) Sonne" gewesen sei. Für das 16. Jahrhundert sind „Sonnenräder" im Kanton Basel-Land bezeugt, später auch im Kanton Aargau, im Elsass und im Schwarzwald – in den Vogesen an Fastnacht und an Mittsommer.[7] Ein besonderes Schauspiel bot sich, wenn das brennende Rad erst im Wasser eines Flusses gelöscht wurde, wie man es in Bellingen, Kreis Lörrach, beobachten konnte, wo es „geradewegs in den Rhein hinuntersauste".[8] Und in den Westvogesen „tritt uns bis zum Jahre 1556 das ‚Glücksrad' von Epinal entgegen. Von der Höhe des 437 m hohen Laufremont wurde es in die Mosel hinabgerollt." In den Elsässer Orten Kaysersberg, Türkheim und Ammerschweier rollte das Rad in den Gebirgsbach der Weiss.[9] Die weite Verbreitung des Radrollens im alten Siedlungsraum der Franken, Alemannen und Bajuwaren muss nicht unbedingt auf germanische Überlieferung zurückgehen, obwohl es sich in Frankreich nur im Poitou und im Dép. de l'Orne erhalten hat, denn alle diese Länder gehörten zuvor zum Kerngebiet der Kelten. Ihr Gott Taranis wurde stets mit dem Rad als Zeichen des rollenden Donners abgebildet, und vom Helden Cuchulain heisst es in der irischen Sage, er habe häufig die Gestalt eines gewaltigen Flammenrades angenommen .Vom dritten Brauch, einer Art „Winteraustreiben", der sich bei uns nur auf die Zeit der Fastnacht beschränkt, schreibt J. Künzig: „Wenn man in den Narrenstädten eine Strohpuppe als Verkörperung der Fasnet verbrennt, im Bauernbrauch aber auf dem Scheiterhaufen unserer Funkenfeuer eine ‚Hexe' in Flammen aufgehen lässt, so beruht beides ohne Zweifel auf der gleichen bäuerlichen Grundlage und stellt das gleiche dar: Überwindung des Winters mit all seinen das vegetative Leben bedrohenden Tücken."[10]

Das grossartigste und eindrucksvollste dieser Feuerfeste aber ist das Abbrennen der als „Fackeln", „Johannismaien", „Sunngichtburgen" oder „Chavandes" bezeichneten Feuertürme auf den Hügeln der Vogesentäler (Sunngicht = Sommersonnwende). Um eine Fichte (Rottanne, Maien) als Mitte ist auf einer quadratischen Basis von 3-4 Metern Breite ein Turm aus Holzbalken leiterartig aufgeschichtet, der sich nach oben gleichmässig verjüngt und manchmal eine Höhe von nahezu 30 Metern erreicht, wobei der Wipfel des immergrünen „Lebensbaumes" die Turmspitze bildet. Dies gleicht in der Form einem Obelisken, der für den Renaissance-Okkultisten Agrippa von Nettesheim ein Feuersymbol war. Wegen einer „Sunngechtburg" kommt es im Jahr 1458 zu einem Streit zwischen den Nachbargemeinden Kaysersberg und Ammerschweier. Eine weitere „Sunngechtburg" ist 1537 für Günsbach im Münstertal nachgewiesen. In Gebweiler brannte bis 1467 eine grosse Johannisfackel auf dem Viehmarkt, wurde jedoch wohl wegen der Brandgefahr verboten.

Der letzte und am weitesten verbreitete Brauch ist das im Schwarzwald „wiederbelebte" Sonnwendfeuer am 21. und das Johannisfeuer am 24. Juni. Über dieses in seiner linksrheinischen Variante schreibt A. Pfleger in dem oben erwähnten Aufsatz: „Während in Strassburg schon im Jahre 1408 das Verbot erlassen wurde, ‚Singiht' oder ‚Johannisfeuer' zu machen, loderten in katholischen Gegenden und besonders in lothringischen Landen auch nach der Reformation die ‚Kanzdifeuer' unbekümmert weiter. Das bezeugt im Jahr 1637 der Strassburger Chronist Johann Wencker, der an das Verbot von 1408 die Bemerkung fügt ‚ist noch im bapsttum, sonderlich in Lothringen an viel orten abends vigiliae Johannis (Johannisfeuer) breuchlich, dass einige Leute darum her dantzen und drüber hin und wider springen.'" Das gleiche alte Brauchtum, das sich bis zum Ende des vergangenen Jahrhunderts oder teilweise bis heute erhalten hat, beschreibt M. Bardout[11], der eigene Nachforschungen im Münstertal betrieb: „Früher pflegten die ‚marcaires' (Käser in den Vogesen) ihre Viehherden durch die noch warme Asche des Scheiterhaufens zu treiben, um sie vor Krankheiten, Seuchen und anderem Unheil, wie es von bösen Geistern bewirkt wird, zu schützen." Die Ähnlichkeit dieses Rituals mit dem der Inselkelten am Beltene-Fest zum Beginn des Sommerhalbjahres am ersten Mai ist offensichlich. Orakelcharakter dagegen hatte die Sitte des Feuerspringens, das Verlobte und Jungvermählte Hand in Hand wagten, lieferte es doch je nach Gelingen den Beweis für Liebe und Treue und war gleichzeitig Omen für das künftige Schicksal des Paares. Um einen „Initiationsritus", der immer noch zelebriert wird, handelt es sich beim Feuerlauf der jungen Männer eines bestimmten Jahrgangs, die mit geschlossenen Beinen durch den Gluthaufen hüpfen, um mit dieser Mutprobe der Dorfgemeinschaft ihre „Mannesreife" zu zeigen. Den Abschluss bildet dann ein Reigen der Jugend, der im Uhrzeigersinn getanzt wird, in einer Richtung also, die den Sonnenlauf nachahmt. Im ganzen Elsass ist dies der einzige, noch lebendige Kalenderreigen.

In den „Counehets d'autrefois" von 1965/68 aus Cornimont (Westvogesen) schliesslich berichten R. und B. Curien-Girot, „dass sich in früheren Zeiten die Leute aus den Tälern an den aufeinanderfolgenden Sonnwenden auf die Gipfel begeben hätten, um dort Bellen, ihrem Sonnengott, Opfer zu bringen. Der Name ‚Berg des Bellen' sei später zur Kurzform ‚Ballon' geworden."

Für das an einem südlichen Quellflüsschen am Fuss des Schwarzwaldbelchens gelegene Böllen steht im Badischen Wörterbuch von E. Ochs: „Böllen, Dorf am Belchen, ältere Form Belna." Diese alte Namensform weist direkt auf eine Stätte der Gottheit Belena hin, der an vielen Quellen Opfergaben gespendet wurden und der die Städte Biel am Rande des Jura und Beaune in Burgund ihren Namen verdanken. Vielleicht war Belena das weibliche Gegenstück zum Sonnengott Belenus, der auf Berggipfeln verehrt wurde.

In den „Sagen aus dem Markgräflerland" berichtet P. Hollenweger unter dem Titel „Die Raurikerin" aus dem Tal der Belchenwiese im Südschwarzwald: „dass in uralter Zeit ein Volk in dieser Gegend sass, Rauriker geheissen, das in die Schweiz abgedrängt wurde. Etliche davon hatten noch lange am Belchen versteckt gehaust, waren scheu, aber gross und stark, und man ging diesen geisterhaften Menschen lieber aus dem Weg." Die Rauriker waren ein keltischer Stamm, dessen Wohnsitze zur Zeit Cäsars noch nördlich und südlich des Hochrheins beim Basler Rheinknie gelegen hatten und dessen Name die um 15 v.Chr. dort gegründete Römerstadt Augusta raurica trug.

In einen anderen Bereich in den Vogesen führt eine Geschichte in den „Sagen des Elsasses" von A. Stöber: „Auf dem Gipfel des grossen Bölchen, bei Sulz, sind viele Feldmesser gebannt, welche bei Lebzeiten die Leute um ihr Gut betrogen haben. Sie müssen in einemfort den Berg ausmessen und führen oft diejenigen, welche ihn besteigen wollen, lange Zeit in der Irre herum." Prüft man die eigentliche Aussage dieser Geschichte, so ist sie verwunderlich genug: Was soll die Anwesenheit vieler Feldmesser auf dem höchsten Vogesengipfel, was wollen sie in dieser unfruchtbaren, wilden Höhenlandschaft denn nur vermessen? Oder handelt es sich um eine dunkle Erinnerung an die einst dort oben ihres Beobachtungs- und Messamtes waltenden Geometer?

In einer anderen Sage aus demselben Buch wird aus einer solchen Mutmassung beinahe Gewissheit: „Bei Ruffach ist ein Hügel, der Bollenberg genannt, auf welchem einst die Druiden opferten. Unter den Römern soll Apollo hier einen Tempel gehabt haben, und von ihm wird der Name, den er trägt, abgeleitet. Man sieht auf dem Hügel oft weisse Frauen einen Reigen um eine Flamme tanzen; auch ist er als Sammelplatz der Hexen berüchtigt."

Kurt Derungs

Die Weisse Göttin von Basel

Die landschaftsmythologischen Bezüge in der Region Basel wurden bisher vor allem von archäologischer und astronomischer Seite her untersucht. Besonders die Wiederentdeckung des Belchen-Systems zeigt eine überregionale und auch mythologische Verbundenheit im Dreiländereck Vogesen-Elsass, Schwarzwald-Baden und Jura-Basel, wobei die Stätte am Rheinknie selbst ein wichtiger Schnittpunkt darstellt. Trotz aller Vermessungen ist es aber nicht gelungen, den Wesenskern der Landschaft zu erfassen oder eine systematische Zusammenschau herzustellen. Dies aus ganz verschiedenen Gründen. Die archäologisch-astronomische Erforschung der einzelnen Regionen ist zwar eine notwendige Grundlage, sie ist aber in ihrem Vorgehen genauso einseitig wie die übrige spezialisierte Archäologie, die behauptet, es gäbe keine mythologischen Hinweise für Basel, da die archäologischen Funde fehlten. Voreingenommen und selbstgefällig wird hier vorausgesetzt, dass nur die Archäologie eine Wissenschaft sei, die Erkenntnisse bietet, und alle anderen Informationsquellen wie Sagen, Ortsnamen, Brauchtum und Rituale keine Bedeutung haben. Zu dieser isolierten Betrachtung kommt eine ebenso einseitige Kenntnis der Kulturgeschichte, insbesondere der völligen Unkenntnis einer Göttin-Kultur, was teilweise zu gerade scherzhaften Interpretationen und Anschriften von Fundgegenständen in den Museen führt.

Ein weiteres Problem der bisherigen Erforschung der Dreiländer-Landschaft ist das wahllose Anhäufen von zersprengten Motiven im Brauchtum und in der sogenannten Geomantie, die wie in einem Selbstbedienungsladen die einzelnen Motive zusammenwürfelt, was dann als „Volksfeste" oder „Ortsgeister" erscheint. Hier fehlt wiederum eine systematische Untersuchung der volkskundlichen Überlieferungen sowie die kulturgeschichtlichen Kenntnisse einer Göttin-Kultur. Diese vorgeschichtliche Mythologie spielt immer mit – und sei es nur im unscheinbaren Hintergrund. Denn Brauchtum war ja nicht einfach lustige Unterhaltung, sondern besitzt seinen tieferen Sinn in einem jahreszeitlich-zyklischen Ritual und Kultspiel, einem eigentlichen Drama des Kosmos und der Vegetation, das in einem Grossen Lebensrad von der Gesellschaft gefeiert wurde.

Der folgende Beitrag untersucht nun ein immer wiederkehrendes Motiv in der Landschaftsmythologie – die Weisse Göttin.[1] So vielfältig ihre Namen und Erscheinungen auch sein mögen, so ist sie die eine Grosse Ahnfrau einer vorgeschichtlichen, matriarchalen Mythologie, wie sie gerade auch im Dreiland sehr häufig überliefert ist. Sie begegnet uns als weisse Frau (Fee), als Schlangenfrau oder als Wassernixe, wobei sie nicht nur in den Ortssagen, sondern auch in den

Ortsnamen unzählige Spuren hinterlassen hat. Gerne erscheint sie auch wie die Mondphasen in einer Dreizahl, wobei sie zyklisch die Lebensalter darstellt: Junge Frau mit der Symbolfarbe Weiss, reife Frau mit der Farbe Rot sowie die alte Weise als schwarzer Aspekt der weiblichen Dreiheit.[2]

Meine Methode wird nun sein, die isolierten Einzelmotive zu sichten und interdisziplinär systematisch zusammenzufassen. Dabei arbeite ich auch historisch-kritisch, insbesondere patriarchatskritisch, und mit einem kulturgeschichtlichen Hintergrund der matriarchalen Mythologie und Göttin-Kultur. Was nicht erwartet werden kann, ist eine umfassende landschaftsmythologische Beschreibung des Dreilandes mit dieser neuen Sichtweise, was noch Jahre beanspruchen wird. Jedoch ist die Weisse Göttin als Leitmotiv ein Schlüssel für viele landschaftsmythologischen Fragestellungen auch im Dreiland, so dass hier ein Beitrag zu ihrer weiteren Erforschung dargelegt ist.

Belena und Belaka im Belchensystem

Bemerkenswert ist die Tatsache, dass in einem grösseren Bezugssystem von drei Gebirgen – Vogesen, Schwarzwald und Jura – Bergnamen zu finden sind, die sich einander entsprechen. In den Vogesen sind dies beispielsweise der Ballon d'Alsace, der Grand und Petit Ballon sowie der Ballon de Servance. Östlich davon im Badischen heissen die Berge Belchen, Blauen oder Zeller Blauen, sowie im Schweizer Jura ebenfalls Blauen und Belchen. Wie Walter Eichin zeigt, bilden diese Berge als landschaftliche Sichtpunkte ein fast völliges Dreieck mit astronomisch-jahreszeitlichen Daten im Jahreskreis. Nach neueren Untersuchungen des Archäologen Rolf d'Aujourd'hui[3] lassen sich die Beobachtungen von Eichin noch in zweierlei Hinsicht ergänzen: Es existiert ein Belchen-Sonnen-System mit acht bestimmbaren Daten im Jahreslauf und ein Mond-System, das die jahreszeitlichen Mondaufgänge und die grosse Mondperiode von 9,3 bzw. 18,6 Jahren beschreibt.

Ausgangspunkt für das Belchen-Sonnen-System ist der Ballon d'Alsace. Hier erhalten wir um den 21. Juni einen Sonnenaufgang im Nordosten bei einer geographisch-astronomischen Sichtlinie von ca. 52°-54° zum Berg Markstein. Jahreszeitlich und zyklisch-rituell ist damit ein Mittsommerfest markiert, das in der Ethnologie als Heilige Hochzeit von göttlicher Ahnfrau und männlichem Partner bzw. Priesterin/Königin und auserwähltem König als entsprechende Repräsentanten bekannt ist.[4] Eine weitere Sichtlinie besteht bei etwa 65° Nordost vom Ballon d'Alsace zum Grand Ballon. Hier stehen zwei Sonnenaufgänge im Mittelpunkt, und zwar Anfang Mai und Anfang August. Jahreszeitlich-rituell bezeichnet das Datum im Mai schon eine kleine Hochzeit und freie Wahl des Partners, das sogenannte Walpurgisfest, und das Datum im August den Abschluss der mittsommerlichen Festlichkeiten, die sogenannte Lugnasad (= Hochzeit des Lug). Bei etwa 90° Osten mit einer Sichtlinie vom Ballon d'Alsace zum Badischen Belchen erhalten wir Sonnenaufgänge jeweils beim Frühlings- und Herbstanfang (21. März bzw. 23. September). Im Jahresritual stehen im Frühling besonders Initiationsproben und Spiele im Vordergrund, die sich auf die männlichen Partner (= Heros) der

Göttin/Königin beziehen, sowie im Herbst Erntedank und Einleitung einer glücklichen Jenseitsreise des Heros, der während der Zeit der Wandlung seine frohe Wiedergeburt erwartet.

Eine längere Sichtlinie bei etwa 116° Südost zieht sich vom Ballon d'Alsace über den Britzgyberg bei Illfurth, über Basel und Augst zum Kienberg im Jura. Die Daten im Jahreskreis bezeichnen die Sonnenaufgänge Anfang November und Anfang Februar, was wir mit den Festen Hallowen und Maria Lichtmess verbinden. Um die Zeit von Hallowen (1. November) feierten die Menschen die Begegnung mit den Ahnen, um ihnen bald eine glückliche Wiederkehr (Weihnachten = Tag der Geburt) einzuleiten. Am Tag von Maria Lichtmess (2. Februar), der in vorchristlicher Zeit der Göttin Brigid geweiht war, feierten die Menschen das Ende des Winters, den Vorbeginn des neuen Jahreszyklus mit einer „chaotischen" Zeit (Karneval), aus der Neues entstehen kann, sowie das Licht und Feuer der Inspiration. Zwischen November und Februar liegt als letztes Fest im achtspeichigen Lebensrad das Jul-Fest (Jul = Rad) oder die Wintersonnenwende (21. Dezember), welche an die Wiedergeburt der Sonne und des Heros durch die Erd- und Mondgöttin erinnert, die glückliche und frohe Zeit, die bis etwa zum 6. Januar reichte, an dem drei heilige Frauen mit einem Kind umhergingen, was in patriarchaler Zeit zu drei Königen vermännlicht wurde. Diese Sonnenlinie erhalten wir bei etwa 125° Südost vom Ballon d'Alsace über den „Höllenboden" bei Knoeringue im Elsass zum Schweizer Belchen.

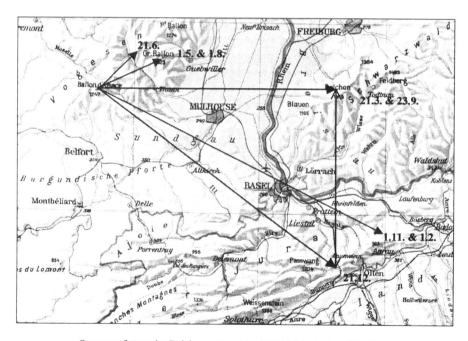

Sonnenaufgänge im Belchensystem, Nord-Süd-Linie (↔) und Dreieck

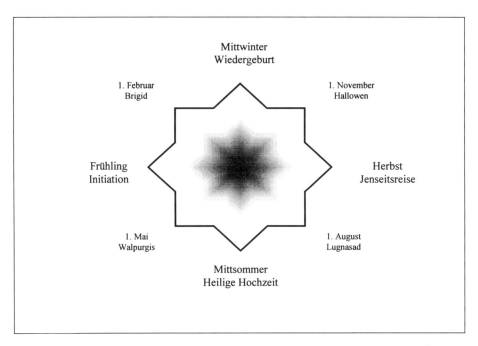

Achtspeichiges Rad des Lebens im astronomischen Jahreskreis und zyklische Rituale[5]

Durch die Beobachtungen der Sonnenaufgänge im Belchensystem erhalten wir acht Jahresdaten, die sowohl praktisch wie auch mythologisch-rituell ihre gesellschaftlichen Funktionen hatten. So liess sich sehr schön ein Bauernkalender für eine Gesellschaft von Ackerbauer/innen erhalten und damit auch ein festlicher Jahreskreis abhalten, der mit einer entsprechenden Mythologie harmonierte. In der Ethnologie finden wir diese kalendarischen Zusammenhänge oft durch ein Symbol verdeutlicht, so mit einem Rad des Lebens oder mit einer Rosette, die als Wandschmuck dient oder sonst einen Gegenstand verziert. Besonders schön bemalte Teller haben in der Volkskunde mit ihrer Symbolanordnung oft denselben Bedeutungsinhalt wie vorgeschichtliche, verzierte Keramikfunde, die bis in die Jungsteinzeit reichen. So sehen wir auf einem spiralig gebundenen Teller von Castelturdo (Sardinien) eine zentrale Achterrosette und eine umlaufende Tierfigur in einem nochmaligen Achterkreis. Besonders eindrücklich ist das irische Brigittenkreuz, bei dem die Göttin Brigid in einem kalendarischen Vierersystem von Quadraten und als Kreuzzeichen erscheint. Gebunden wird es jeweils am 1. Februar an ihrem Namenstag und bleibt als Schutzsymbol bis zum nächsten Jahrestag der Göttin im Haus aufbewahrt. Eindeutig ist hier die vorchristliche Göttin Brigid mit dem jahreszeitlichen Rad des Lebens mit vier bzw. acht Festdaten (Kombination von Quadrat und Kreuz) und einem Mittelpunkt bzw. einem Nabel dargestellt, der sich in der Landschaft wieder als Omphalos-Stein oder Nabel der Erd- und Mondgöttin in einem Steinkreissystem findet.

Irisches Brigittenkreuz als Rad des Lebens

Verzierter Teller als Rad des Lebens aus Sardinien

Wie wir oben gesehen haben, bildet das Kernstück des Belchen-Sonnen-Systems ein rechtwinkliges Dreieck mit den Punkten Ballon d'Alsace, Badischer Belchen und Schweizer Belchen. Genauere Untersuchungen zeigen nun, dass es sich bei diesem astronomischen Dreieck um ein pythagoreisches Dreieck handelt, das heisst, dass die Seitenverhältnisse jeweils im Verhältnis von 3:4:5 liegen, sowie die Flächenverhältnisse der Seiten im Quadrat von 9:16:25. Landschaftsmythologisch erhalten wir ein harmonisches, heiliges Schossdreieck einer vorgeschichtlichen Erd- und Mondgöttin, in dem die heilige Stätte von Basel liegt – der Münsterhügel – und die grosse Wasser-Drachenschlange Rhein hinein- oder hindurchfliesst. Das heilige Schossdreieck der Göttin bildet dabei eines der grössten Gralslandschaften (Gralstal) in Mitteleuropa, das als Kelch, Schale oder Kessel der Weisheit vom Wasser des Lebens bzw. vom Symboltier der Göttin – der Wasser-Rhein-Schlange – befeuchtet wird. Im kleineren Massstab wurde dieser Symbolgehalt beispielsweise in Arlesheim südlich von Basel in der Eremitage landschaftlich nachgebildet, auf die wir noch zurückkommen werden. Jedenfalls sind Gralslandschaften in Europa recht häufig vorzufinden, und sie sind bezeichnend für eine alteuropäische Mythologie, in der von Kelten noch nicht die Rede sein kann. Dargestellt wurde mit dem Belchen-Dreieck besonders eine kosmische Schöpfergöttin mit dem Symboltier des Drachen, was kulturgeschichtlich auf eine alteuropäische, jungsteinzeitliche und matriarchale Mythologie und Gesellschaftsform hinweist. Hervorgehoben wurde in dieser Landschaft im Dreiland der Greisin-Aspekt oder die Weise Alte einer matriarchalen Göttin-Triade, die Schöpferin des Alls und Herrin über das Jenseits, über Tod und Wiedergeburt, mit einem Schoss-Kessel der Kunst und Magie und einem weisen Schlangen-Tiersymbol.

Ein Fund einer Steinstele aus dem Ootal in Frankreich versinnbildlicht in künstlerischer Art und Weise diese landschaftliche Schöpfergöttin und ihre Schlange. Die Frauenfigur steht heute im Museum von Toulouse, und man schätzt, dass sie etwa im 4. Jahrhundert v.u.Z. hergestellt wurde. Die Figur zeigt auch, wie eine vorkeltische Mythologie der Bronze- und Jungsteinzeit noch in der Eisenzeit weitertradiert oder wenigstens in die keltische Mythologie übernommen wurde, wie ja das sogenannte Keltentum massgeblich von der vorkeltischen Megalithkultur und Mythologie schöpft, jedoch in einem neuen patriarchalen Gesellschaftsrahmen. Die Stele zeigt eindrücklich die kosmische nackte Göttin der Nacht im Schöpfungsakt mit ihrer heiligen Schlange, die aus ihrem kreativen Schoss entspringt und von ihrer kosmischen Milch trinkt. Die Schlange ist hier liebevoll gehalten, ist sie doch ein archaisches Tiersymbol der Grossen Göttin, sei dies in Alteuropa, im Mittelmeergebiet oder im Orient. Ihr haften noch keine moralischen oder dämonischen Züge an, wie dies mit dem Aufkommen der patriarchalen Religionen erscheint und mit dem Drachentöter Georg in der christlichen Erlöserreligion weiterhin verzerrt tradiert und praktiziert wurde: Die Erniedrigung und Ausmerzung der alteuropäischen Mythologie, die noch lange matriarchale Züge bis in die geschichtliche Zeit hinein bewahren konnte. Ich erinnere auch an die rätoromanische Göttin Marga-Retha mit ihrem liebevoll getragenen Drachen und an die Tatsache, dass das Volk immer unterschieden hat zwischen der „heidnischen" Margaretha und der fremden, christlichen Missionsfigur.[6]

Göttin mit Schlange von Toulouse

Dieses heilige Schossdreieck mit der Wasserschlange im Belchen-Sonnen-System lässt sich durch ein Belchen-Mond-System ergänzen, in dem wiederum ein Dreieck gebildet werden kann. Ausgangspunkt ist diesmal nicht der Ballon d'Alsace in den Vogesen, sondern Beobachtungspunkt ist ein interessanter Ortsname im Elsass genau westlich von Basel: der Höllenboden bei Knoeringue. Dieser Ort wurde in christlicher Zeit dämonisiert und verzerrt, als Hölle abgestempelt, damit die Menschen, die diesen Ort früher verehrten, nicht mehr dort hingehen sollten. Wir können daher die abgewertete Zuweisung des alten Mondplatzes aufheben und umkehren, so dass dies ein Ort des Paradieses und zwar des glückseligen Jenseitsparadieses war, in dem die Ahnen ihre glückliche Wiedergeburt erwarteten. Kein Zufall ist es daher, dass gerade die geographisch-astronomische Linie der Wintersonnenwende im Belchen-Sonnen-System den Ort „Höllenboden" im Belchen-Mond-System durchquert, ist dies doch rituell der Tag der Wiedergeburt der Ahnen und insbesondere des männlichen Partners (Heros) einer Erd- und Mondgöttin im zyklischen Jahreskreis.

Vom „Höllenboden" aus blicken wir für unsere Breitengrade etwa 46° nach Nordost und erhalten die nördliche grosse Mondwendelinie zum Hochblauen im Badischen. Die nördliche kleine Mondwende beschreibt bei etwa 63° Nordost die geographisch-astronomische Linie „Höllenboden"-Badischer Zellerblauen. Sind dies die winterlichen nördlichen Mondaufgänge, so erhalten wir auch die südlichen sommerlichen Mondaufgänge. Vom „Höllenboden" aus in Richtung 136° Südost erstreckt sich die südliche grosse Mondwendelinie zum Schweizer Blauen im Jura. Die südliche kleine Mondwendelinie markiert eine Strecke bei etwa 118° Südost vom „Höllenboden" zum Jura-Gempen in der Schweiz.

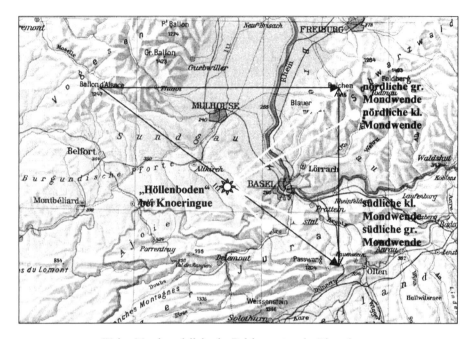

Weiss: Mondwendelinien im Belchensystem der Blauenberge

Wir werden noch sehen, dass im Belchen-System der Mondmythologie und dem Mondlauf eine besondere Beachtung geschenkt wurde, ist sie doch eine der ältesten Kalendereinteilungen überhaupt. Zudem korrespondiert damit eine heilige Frauen-Mond-Triade, die aus einer noch älteren Mythologie der Kosmos- und Erdgöttin als Monade entwachsen ist, welche als sehr archaischer Aspekt in der dreifaltigen Mondgöttin-Mythologie enthalten ist. Wir kennen diese Zusammenhänge noch in der „christlichen" Verehrung von drei heiligen Frauen, die ihren Ursprung in einer matriarchalen Mythologie einer Frauendreiheit besitzt: einer jungen weissen Frau des Sichelmondes, einer reifen roten Frau des Vollmondes und einer weisen schwarzen Greisin des Neumondes.

Doch wie müssen wir uns den Mondlauf und seine interessanten zeitlichen Wendepunkte vorstellen?: „Der Vollmond geht immer abends auf, im Winter nordöstlich, im Sommer südöstlich. Nehmen wir als Ausgangspunkt unserer Betrachtung den nördlichsten Vollmondaufgangspunkt im Winter an. Während der Mond in den darauffolgenden 15 Tagen abnimmt, wandert sein Aufgangspunkt nach Süden. Bei Neumond geht er unsichtbar am südlichsten Punkt auf, um in seiner zunehmenden Phase im Ausgangspunkt wieder nach Norden zu wandern. Wieder ist Vollmond, doch sein Aufgangspunkt ist nicht mehr ganz so weit nördlich wie im Vormonat. Nach 3 x 29,5 Tagen geht der Vollmond genau im Osten auf, nach 6 x 29,5 Tagen im Südosten; dann ist Sommer. Ein Wendepunkt ist erreicht. Gegen Winter hin verschiebt sich der Mondaufgang wieder gegen Norden. Nach 12 Monaten hat der Mond seinen nördlichen Wendepunkt erreicht. Dieser liegt jedoch nicht auf demselben Punkt wie im Vorjahr, sondern einige Grad südlicher des maximalen nördlichen Mondaufgangspunktes des Vorjahres. Die Aufgangspunkte des Mondes bewegen sich also aufeinander zu. Das Minimum ist erst nach 9,3 Jahren erreicht. Dieser Wendepunkt heisst Kleine Mondwende. Danach bewegt sich der Aufgangspunkt wieder nach Norden und hat nach 18,6 Jahren wieder das absolute nördliche Maximum erreicht. Das ist die Grosse Mondwende."[7]

Zwischen der Kleinen und der Grossen Mondwende mit einem Zyklus von 9,3 Sonnenjahren erhalten wir einen Mond-Rhythmus, der im Brauchtum und in der Landschaftsmythologie von hoher Bedeutung war. Es ist dies die Zählung von Vollmond zu Vollmond, die sogenannten Lunationen von 29,5 Tagen. So ergeben etwa 100 Lunationen ungefähr 8 Sonnenjahre, eingebettet zwischen den Kleinen und Grossen Mondwenden. Für den männlichen Partner (Heros) der Göttin bzw. für den König bedeutete dies, dass seine Amtszeit und Inthronisation durch die Priesterin/Königin nach etwa 8 Sonnenjahren oder eben 100 Lunationen abgelaufen war, um einem Amtsnachfolger den Thron, der die Göttin/Königin selbst symbolisierte, frei zu geben. Solche kalendarischen und rituellen Zusammenhänge werden wir im Frühlingsbrauchtum wiederentdecken, wenn wir uns mit den Kultspielen im Dreiland beschäftigen.

Doch wo liegt nun unser zweites Schossdreieck der Erd- und Mondgöttin? Mit dieser Frage erhalten wir eine bedeutende Kultlinie durch die Stadt Basel hindurch. Sie führt vom Schweizer Blauen im Jura durch die „keltische" Siedlung Basel-Gasfabrik zum Badischen Hochblauen. Sie weist eine Ausrichtung von etwa 20° Nordost aus und bildet die Grundlinie eines gleichschenkligen Dreieckes mit den weiteren Verbindungslinien Hochblauen-Ballon d'Alsace und Schweizer Blauen-Ballon d'Alsace. Wiederum fliesst der Rhein – die grosse Wasserschlange und der mythologische Drache – in oder durch dieses heilige Schossdreieck, das sich diesmal noch deutlicher gegen Osten hin öffnet und die Wasserschlange der Erdgöttin aufnimmt, denn der Rhein fliesst in einem schönen Bogen von Osten her ins Zentrum bei Basel-Münsterhügel, um von dort Richtung Norden ins jenseitige Paradies der Ahninnen und Ahnen Richtung Isteiner Klotz zu gelangen. Fast noch grundlegender für die Astronomie und Mythologie von Basel ist jedoch eine zweite Kultlinie durch die Siedlung Basel-Gasfabrik. Es ist dies eine Verbindungslinie vom Petit Ballon in den Vogesen über die jungsteinzeitliche (mindestens 6000 Jahre alte) Siedlung von Illzach im Elsass und die ebenfalls jungsteinzeitliche Siedlung von Sierentz, durch Basel hindurch zum Schweizer Belchen im Jura. Die Kultlinie hat eine Ausrichtung von 144° Südost und war für den Stadt- und Strassenbau Basels bis ins Mittelalter von Bedeutung. Ich erinnere nur an die Elsässerstrasse, die praktisch parallel zu dieser Kultlinie verläuft.

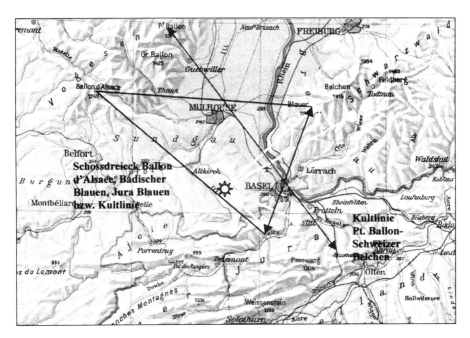

Schossdreieck im Belchen-Mond-System mit Kultlinien im Kreuzpunkt Basel

Wie wir gesehen haben, bildet das Belchen-Blauen-System natürliche, astronomische Bezüge der Sonne und des Mondes, die durch Beobachtungen und Wahl des Standortes zu einem mythologischen und praktischen Kalendersystem zusammengefügt wurden. Zentrales Motiv dieser Landschaftsmythologie war eine Göttin mit ihrer Schlange, und es ist nun zu fragen, welche göttliche Ahnfrau hier in vollkommener Art und Weise verehrt wurde. Den Hinweis auf den Namen der Göttin finden wir in den Ortsnamen selbst verborgen, Berge- und Flussnamen, die oft sehr beharrlich alte Namen und Anschauungen tradieren.

Im Französischen der Vogesen finden wir im Belchensystem häufig die Namen Ballon, während im deutschsprachigen Gebiet im Badischen und im Jura die Namen Blauen und Belchen genannt werden. Alle diese Wörter enthalten im ersten Teil die Wurzel bhel- mit der Bedeutung weiss oder glänzend/leuchtend. Beschrieben wird damit die Weisse Göttin mit ihren verschiedenen Aspekten, besonders in der weissen, roten und schwarzen Dreiheit. Im zweiten Teil der Belchen-Wörter erhalten wir noch zusätzliche Informationen zu dieser allgemeinen Benennung der Göttin. So gehen Ballon und Blauen auf ein älteres Belena zurück und Belchen auf ein Belaka. Gerade im Wort Bel-Ena steckt ein bekannter Name, nämlich die grosse vorindoeuropäische Göttin Ana oder Dana, die im Nahen Osten als Schlangengöttin der Danaiten verehrt wurde oder die der Donau (< Danubius), dem mächtigen „schwarzen" Fluss Mitteleuropas seinen Namen gab. Gleiches gilt für die Rhone, die auf ein älteres Rodanus verweist, oder für den Doubs, der im Flussnamen nur noch ihr Farbattribut enthält, denn dub- bezeichnet die Farbe Schwarz, also die Schwarze Göttin. Belena gab auch dem Rhein seinen Namen, der seit keltisch-römischer Zeit in vermännlichter Form als Rhenus tradiert ist, wie es entsprechend im Französischen heute le Doubs heisst. Der Name Rhenus ist eine Kurzform von Belena, das sich via Berena (Wechsel von l zu r) zu einem Rhena/Rhenus (< be-rena) und heutigen Rhy entwickelt hat. Somit tragen nicht nur die Berge im Belchensystem den Namen der Weissen Göttin, sondern auch zahlreiche Flüsse, allen voran die grosse Wasserschlange Rhein selbst, der einen Aspekt der Göttin Ana/Dana überliefert. Weitere Bergnamen der Göttin sind beispielsweise „the paps of Anu" (die Brüste der Anu) in Irland oder der Donon in den Vogesen.

Erstaunlich ist nun der zweite Namensteil von Bel-Aka (> Belchen), denn Aka oder Akka bezeichnet ebenfalls einen sehr alten Göttinnamen. Im Alten Orient der Jungsteinzeit war sie die Ahnengöttin von Akkad, die Alte Frau, Grossmutter oder Hebamme, wie ihr Name übersetzt werden kann, welche die Ahnen aus dem Wasser zog, also verbunden war mit einem Urwasser und der Schöpfung. In Griechenland hiess sie Akko, die „Gestalterin", und in Rom Acca Larentina, d.h. Acca, Mutter der Laren, welche die Ahnen darstellen. Die erste Vestalin-Priesterin in Rom trug ihren Namen: Acca Larentina. Als göttliche Hebamme der vorrömischen Zeit half sie der Göttin Rhea Silvia, ihrem eigenen Doppel und Ebenbild, bei der Geburt der Heroen Romulus und Remus. Sie zog die Zwillinge aus ihrem eigenen Fluss, den Tiber (= die Schwarze), auf dem die Knaben in einem Korb schwammen, so wie Akka oder Akko den König Sargon aus seinem auf dem Tigris schwimmenden „Korb" zog und die Göttin/Priesterin („Tochter des Pharao") Moses aus dem Nil.[8] Immer wieder sind es dieselben mythologischen Bilder: eine Schöpfergöttin mit ihrem heiligen Schoss (Korb) in einer fruchtbaren Landschaftsebene mit einem Fluss als grosse Wasserschlange, aus deren Verbindung die Göttin den Kosmos und die Welt schuf. In Nordeuropa war Akka noch im 18. Jahrhundert eine Schöpfergöttin, Madder-Akka, die alte Weise, die sich in drei Töchtern verjüngt, die alle wiederum Akka heissen. Akka bedeutet bei den Lappen einfach „die (alte) Frau", so wie in einigen türkischen Dialekten die „Mutter" Aka oder Ekki gerufen wird, was auf einen alten Göttinnamen zurückgeht.[9]

Dem entsprechend ist das vorindoeuropäische Bel-Aka die genaue Übersetzung von Bel-Ena/Ana, denn auch die vorindoeuropäische Ana oder Dana bedeutet unter anderem Mutter, Grossmutter oder alte Frau (Ahnin). Interessanterweise nannten sich die gallischen Priester (Druiden) auch Beleks, „die Weissgekleideten", und die Bretonen gaben während der Missionierung den katholischen Priestern denselben Namen: Belek.[10] Das patriarchale Druidentum trägt hier einen Namen einer alten Erd- und Mondgöttin, huldigt aber besonders einem Sonnengott Belenus. Doch wie ist diese mythologische und gesellschaftliche Veränderung zu erklären?

Die ursprüngliche Göttin Belena oder Belaka, die Weisse Göttin, die von einer Priesterin/Königin repräsentiert wurde, besass in matriarchaler Zeit einen Sohn-Geliebten als männlichen Partner und Heros, der von einem durch die Königin gewählten König repräsentiert wurde und auf ihrem Thron sass. Dieser hiess Beli, der Weisse/Glänzende, und leitete seinen Namen von der Göttin Belena/Belaka ab, jedoch hatte er die glänzend-weisse, rote Sonne als sein Symbol und Attribut.

Er entwickelte sich aus der göttlichen Schlange (Drachen) der Göttin, die er ebenfalls als Tier- und Kalendersymbol besitzen kann. Im Zuge der Patriarchalisierung und Indoeuropäisierung Europas rückte der Sonnenkult immer mehr in den Vordergrund und verdrängte die Mondmythologie und die Göttin. Die keltischen Stämme und ihre Priesterkaste der Druiden eroberten zahlreiche Gebiete mit einer vorkeltischen Bevölkerung, die noch mit der matriarchalen Mythologie und der Megalithkultur verwurzelt war. Eine seltsame Gesellschaftsform entstand aus fremden Eroberern und eingesessenen Eroberten, was wir heute allgemein mit dem Keltentum verbinden. Parallel dazu wurde die Göttin-Kultur mit neuen Vorzeichen übernommen, männlich imitiert oder verschiedentlich verdrängt, so wie die Königin/Priesterin-Kultur langsam verdrängt wurde. Aus dem Sohn-Geliebten Beli der matriarchalen Göttin Belena/Belaka wird ein Sonnengott mit einem reinen Sonnenkult, der sich mit dem vermännlichten Gott Belenus verbindet und in gallo-römischer Zeit mit dem Sonnengott Apollo weitertradiert, wie wir das beispielsweise vom Apollo-Tempel in Augusta Raurica (Augst) her kennen oder von der gallischen Doppelbenennung Belenus Apollo.

Schon im 6. Jahrhundert v.u.Z. war das Gebiet am Oberrhein und um die Belchenberge nur noch als Gebiet der Sonnensäule (Solis Columna) bekannt, eine geographische Bezeichnung für einen oder mehrere Ballon/Belchen-Berge. Um etwa 534 v.u.Z. schreibt ein unbekannter Verfasser aus dem damaligen Massilia (Marseille) eine Geographie zum Rhonelauf und gelangt in seinem Werk der Ora Maritima zur Bemerkung einer Sonnensäule, die mit hoher Wahrscheinlichkeit mit dem Elsässer Belchen identifiziert werden kann.[11] Diese Sonnensäule findet sich in römischer Zeit mehrmals auf Schildzeichen fremder Einheiten im römischen Heer oder noch auf älteren Stadtdarstellungen, so auf einem Stich von Rufach im Elsass aus dem Jahr 1625.[12] Rufach selber liegt nur wenige Kilometer vom Bollenberg entfernt, dazu im Umfeld der grösseren Berge wie Petit Ballon und Grand Ballon, so dass sich eine heraldische Analogie leicht ergeben konnte, da ja Wappen und ihre Symbole früher nicht zufällig gewählt wurden, sondern noch ein gewisser Glaube an den Zeichen haftete.

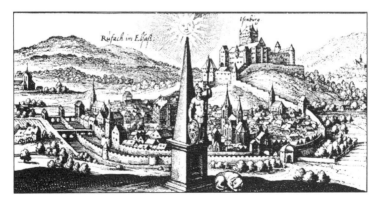

Rufach im Elsass mit Sonnensäule (Belchen?) aus dem Jahr 1625

Auf dieser antiken, patriarchalen Schicht interpretieren die meisten Forscher das Belchensystem und lassen sich von seinem keltischen und römischen Sonnenkult blenden. Doch noch in gallischer Zeit und darüber hinaus war dem Volk ein Grundsatz der Mythologie bekannt, der besagt, dass es keinen König oder Heros ohne eine Königin bzw. Göttin gibt. Selbst im römischen Augst des Apollo und des Jupiter existierte neben diesen eine Göttin Ceres oder Diana, die beim Volk wahrscheinlich mehr Bedeutung hatten als ein stoischer Vatergott.

Sehr differenziert überliefern auch die Elsässer Sagen zu den Bollen- oder Belchenbergen einen männlichen Kult der Druiden und dazu Rituale von sakralen Frauen, welche die ältere Mythologie und Praxis darstellen. So heisst es: „Auf dem Gipfel des grossen Bölchen, bei Sulz, sind viele Feldmesser gebannt, welche bei Lebzeiten die Leute um ihr Gut betrogen haben. Sie müssen in einem fort den Berg ausmessen und führen oft diejenigen, welche ihn besteigen wollen, lange Zeit in der Irre herum und lassen sie auf unwegsame Orte, an sumpfige Stellen geraten."[13] Interessanterweise finden wir in dieser Sage praktisch keine christliche Moralisierung, sondern die Beschreibung von Feldmessern (Priestern) mit einer Geheimlehre und einem geheimen Ort der Berge, den sie zu verbergen suchen. Die ganze Kunst der Astronomie und der Belchenvermessung liegt hier in den Händen von Priestern, was nicht immer der Fall war, wenn wir uns beispielsweise die Künste verschiedener heiliger Frauen anschauen, allen voran der Göttin/Priesterin Odilie, die im Elsass, im Jura und im Badischen so eine bedeutende, mythologische und legendenhafte Frauengestalt war. Ganz eindeutig werden die Feldmesser als Betrüger beschrieben. Dies kann eine Sichtweise der (christlichen) Sieger sein, kann aber auch schon vorchristliche Zustände skizzieren, also die Feldmesser als unrechtmässige und falsche Priester darstellen, welche die beim Volk beliebteren Priesterinnen und weisen Frauen allmählich verdrängten und ihren Platz einnahmen, was nochmals in einer Sage festgehalten ist: „Bei Ruffach ist ein Hügel, der Bollenberg genannt, auf welchem einst die Druiden opferten. Unter den Römern soll Apollo hier einen Tempel gehabt haben, und von ihm wird der Name, den er trägt, abgeleitet. Man sieht auf dem Hügel oft weisse Frauen einen Reigen um eine Flamme tanzen; auch ist er als Sammelplatz der Hexen berüchtigt."[14]

Wir werden diesem älteren Kult der Frauen nochmals in Augst begegnen. Hier sind die Grundzüge schon einigermassen beschrieben: Ein heiliger Kreis und Reigen um eine zentrale Stelle (Feuer, Baum, Stein etc.), der das Rad des Lebens um den Erdnabel darstellt, und eine Praxis der Exstase und Inspiration (der Tanz), die eine Ahnin oder einen Ahnen durch eine Tänzerin sprechen lässt oder eine mit dem Ahnenkult und dem Wiedergeburtsglauben verbundene Jenseitsreise einer heiligen Frau einleiten soll. Damit verbunden wurden auf dem Bollenberg die jahreszeitlich-zyklischen Rituale, insbesondere die vier bzw. acht grossen Jahresfeste einer matriarchalen Spiritualität und Mythologie gefeiert, die von einem astronomisch kundigen Frauenkonvent geleitet wurden, wie dies beispielsweise von der heiligen Ursula und ihren 11000 Jungfrauen bzw. einer Priesterin und 11 Frauen überliefert ist.

Eine weitere Sage berichtet, dass der Ballon d'Alsace einmal eine paradiesische Zeit kannte, was im Alpenraum trotz der moralisch-christlichen Überformung der

Sagen oft mit einer mutterrechtlichen Zeit verbunden werden kann. Schon stereotyp wird in diesen Erzählformen immer wieder von einer männlichen Figur (Patriarchalisierung) gesprochen, die der Landschaft und dem paradiesischen Zustand ein Ende setzen: „Der Belchensee wird von einer Menge seltsamer und unheimlicher Fische bewohnt, unter andern von einer grossen moosbedeckten Forelle, der ein Tannenbäumchen aus dem Rücken wächst. Im Jahr 1128 sind aus diesem See Hühner mit vier Füssen und 1304 ein furchtbarer Drache ans Land gestiegen. Es wird erzählt, dass der Belchensee vor Zeiten eine schöne, fruchtbare Wiese gewesen sei, die sich im Besitz einer Köhlerfamilie forterbte. Ein reicher Mann im Tal suchte sie vergebens zu erhandeln. Da hängte er dem Köhler einen Prozess an und brachte es soweit, dass ihm, dem Reichen, die Wiese zugesprochen wurde... Da ertönte ein Donnerschlag, es wurde finster, und die Erde bebte... Alles war verschwunden in den Tiefen eines Sees, der sich dort gebildet hatte: des Belchensees."[15] Gesellschaftlich und landschaftsökologisch zerstörend wirken hier die patriarchalen Prinzipien der Habsucht, der Gier, der Dominanz und der Machtgefälle von Arm und Reich, die im Gegensatz zum matriarchalen Prinzip der Gegenseitigkeit und des ökonomischen Ausgleiches stehen.[16]

Der Belchen vom Untermünstertal aus gesehen[17]

Schliesslich müssen wir auch nach der kulturgeschichtlichen Relevanz fragen, also nach dem zeitlichen und kulturellen Hintergrund der untersuchten Landschaft. Das Elsass und die Region Oberrhein wurden jungsteinzeitlich im Zuge der Ausbreitung des Ackerbaues ab dem 6. Jahrtausend v.u.Z. besiedelt. Dies einmal von Menschen aus dem Balkan- und dem Donaugebiet, also aus dem südosteuropäischen Mittelmeerraum, und von Menschen aus Südfrankreich, die ebenfalls aus dem östlichen Mittelmeergebiet stammten. Sie folgten den Flüssen und Küsten, so dem mythologisch und kulturell wichtigen Donau-Fluss der Jungsteinzeit und von der südfranzösischen Küste aus der Rhone entlang Richtung Norden in die Alpen und durch die Burgundische Pforte in das Gebiet Oberrhein/Elsass.[18] Beides dürften dieselben mediterranen Kulturen gewesen sein, denn sie nannten ihre Flüsse nach der Göttin Dana. Nur kamen diejenigen Menschen via Südfrankreich etwas früher (um ca. 5500 v.u.Z.) ins elsässische Gebiet als diejenigen aus dem Donauraum (um ca. 5300 v.u.Z.) und verschmolzen zu einer jungsteinzeitlichen Gesellschaft mit Ackerbau, Langhäusern, Mutterrecht und Göttin-Kultur sowie einer kultisch-rituellen Megalithbauweise mit Astronomie und Kalenderwesen, die alleine schon aus den Navigationskünsten dieser Leute resultierten. Diese schufen sich einen landschaftlichen Bauern-Kalender nach den agrarischen und rituellen Zyklen des Jahreskreises, den sie im Belchen- und Blauen-System natürlich vorfanden und entsprechend nur noch ihre Standorte wählen mussten, so zum Beispiel den „Höllenboden" oder den heutigen Ballon d'Alsace. Je weiter nämlich die geographisch-astronomische Sichtlinie in einer Landschaft sein kann, umso genauer ist die zeitliche Bestimmung der Jahresdaten. Diese Kultur war alteuropäisch[19] bzw. vorindoeuropäisch, wie so viele Megalithkulturen Nord- und Westeuropas (Carnac, Dänemark, Südengland etc.), und erlebte verschiedene Veränderungen und Mischformen bis zur Keltisierung und Romanisierung und schliesslich Christianisierung und Germanisierung, wobei zahlreiche Spuren besonders in der Landschaftsmythologie überleben konnten. Letzte Hinweise sind auch die Namen der Weissen Göttin im Belchen-Blauen-System: Bel-Ena und Bel-Aka.

Die Weisse Göttin in Basel – die Schlange und das Ei

Rund um Basel existiert ein ganzes Netz von Ortsnamen, die mit dem Namen Belena (Ballon, Blauen) oder Belaka (Belchen) in Zusammenhang stehen oder auf verschiedene Kultplätze in der Region hinweisen. Die meisten dieser Namen enthalten die Wurzel bhel- (= weiss) und verweisen direkt oder indirekt auf die Weisse Göttin und ihres männlichen Partners Beli. Verschiedene gehen auf gallorömische Zeit zurück, so wenn Merkur oder Apollo genannt werden, denen an diesem Platz ein Heiligtum errichtet wurde. Andere bezeugen eine christliche Abwertung, so bei der Nennung „Heidenkirche", oder eine Vereinnahmung des Platzes wie bei St. Severin. Nicht so leicht erschliessbar sind die Ortsbezeichnungen Uetliberg bei Zürich oder Ottilienberg bei Andlau/Heiligenstein im Elsass mit der seltsamen Heidenmauer. Beide Berge dürften „Odilienberge" sein, das heisst, sie waren einer mythologischen Frauengestalt geweiht, die in christlicher Zeit als hl. Odilie getauft wurde. In alemannischer Zeit versuchte man, den Namen von einem Mann namens Uoto herzuleiten, was jedoch die keltischen und vorkeltischen Funde einer Frauenstätte bei beiden Bergen ausser Acht lässt. Zudem finden wir in der Sagenwelt der Alpen eine interessante Frauengestalt – die Frau Ute –, die beratend als weise Alte erscheint und der respektvoll zugehört wird. Wahrscheinlich lässt sich ihr Name von Leukothea (leuko = weiss, thea = Göttin) ableiten, was wiederum auf die Weisse Göttin hinweist. Sprachlich wäre Odilie oder Ottilie eine Kurzform von Leukothea, das zu Othea, Itte und Ute geworden wäre. Die folgende Skizze zeigt nun einige Plätze im Dreiland und darüber hinaus, wie sie oben angedeutet wurden.

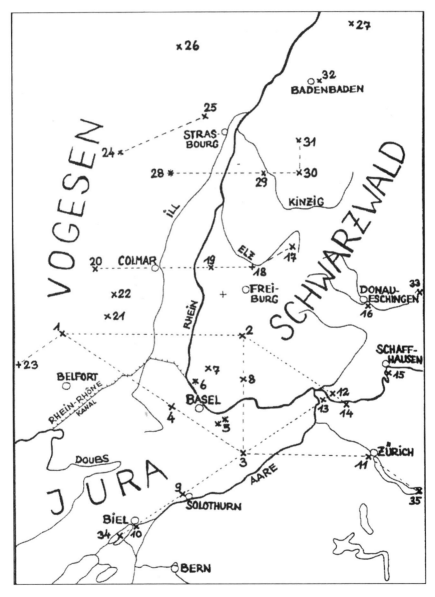

Ortsnamen mit bhel- und weiteren Kultplätzen im Gebiet Vogesen,
Jura und Schwarzwald (Skizze und Legende von H.-D. Lehmann)

Legende:

1 Ballon d'Alsace
2 Belchen mit Heidstein
3 Bölchenflue
4 Belchen, Belchenholz (St. Apollinaire)
5 gallo-römische Heiligtümer bei Augst: Schauenburgerflue und Flueweghalde
6 Kapfrain bei Kirchen, Flurnamen „am Bellweg"
7 Behlen bei Kandern
8 Bellen bei Schopfheim
9 Bellach bei Solothurn
10 Bellmund bei Biel/Petinesca
11 Uetliberg bei Zürich
12 Küssaburg und Berchenwald
13 Belchen bei Tegerfelden
14 Belchen bei Rümikon
15 Berchen über dem Rheinfall
16 Berchenwald bei Hüfingen
17 Belchenwald am Rohrhardsberg
18 St. Severin auf dem Mauracher Bergle
19 Totenkopf im Kaiserstuhl
20 Belfirst/Balveurche
21 Grosser Belchen/Grand Ballon
22 Kleiner Belchen über Boenlesgrab
23 Nôtre-Dame-du-Haut de Ronchamp
24 gallo-römischer Tempel auf dem Donon
25 Behlenheim
26 Belenberg über dem Modertal
27 Wüstung Belcheym bei Hohenwettersbach
28 Ottilienberg/Heidenmauer
29 Bellenwald über Zunsweier
30 Heidenkirche über dem Renchtal
31 Sohlberg über Heidenbach
32 Merkur bei Baden-Baden
33 Berchenreute bei Nendingen
34 Petersinsel im Bieler See
35 Ufenau im Zürichsee

Betrachten wir die verschiedenen Namen in der obigen Legende, so fallen sprachliche und mythologische Zusammenhänge auf: Der Wechsel von l zu r (Belchenwald > Berchenwald) ist auch an anderen Orten durchgeführt und bestätigt unsere Herleitung des Flussnamens Rhein aus einem älteren Belena > Berena und schliesslich Rena/Rhenus. Auf dem heiligen Berg Donon der Göttin Dana oder Ana stand noch in gallo-römischer Zeit ein Tempel. Die Stadt Biel mit der heiligen Quelle ist mit ihrem älteren Namen Belena ebenfalls der Weissen Göttin Ana geweiht.

Zu diesen Orten kommen verschiedene Flussnamen[20] mit der Bedeutung „die Weisse", so zum Beispiel die Kander (cand = weiss) oder die Ergolz (arg-/erg- = weiss, silbern) bei Augst oder die Flüsse Birs und Birsig mit der umgekehrten älteren Schreibweise (ir > ri): Bris und Brisig, wie wir dies beispielsweise beim Namen der Göttin Brigit (bri-/bre- = hoch, weiss) wieder vorfinden oder im Elsass in vermännlichter Form als heiliger Brice bzw. heiliger Britzius (< Bri[g]it). Letzterer bzw. die Weisse Göttin Brigit war dann auch namengebend bei der Höhensiedlung und dem Fürstensitz auf dem Britzgyberg bei Illfurth[21], und auch bei dem Höhenheiligtum St. Chrischona östlich von Basel vermutet der Archäologe Rudolf Moosbrugger-Leu, dass dort vor Chrischona der heilige Britzius verehrt wurde, was jedoch wiederum auf die Göttin Brigit zurückführt. Dazu gesellen sich Städtenamen wie Breisach (< Brisaga) und die seltsame Schreibweise Bel-fort, die eigentlich Beaufort heissen müsste, wenn der Name auf ein französisches „Schön" zurückgehen würde. Ebenso lautete der alte Name von Strassburg eindeutig Argentoratum, also Stätte der silbernen und weissen Göttin. Einzig der Name der Stadt Basel scheint hier eine Ausnahme zu sein. Doch betrachten wir zunächst den

Werdegang des Strassburger Münsters, der uns wichtige Hinweise für eine ähnliche Entwicklung des heiligen Platzes Münsterhügel in Basel bieten kann. So berichtet eine Sage mit dem Titel „Der heilige Hain und die drei Buchen":

Lange Zeit vor Christi Geburt stand auf der Anhöhe, auf welcher die berühmte Domkirche erbaut wurde, ein heiliger, dem Gott des Krieges geweihter Hain. Mitten im heiligen Hain, unfern der dahinfliessenden Ill, erhoben sich drei mächtige Buchen. Hier verehrte der Stamm der Tribocher ihren Gott, die von den drei Buchen ihren Namen führten. Erst als die Römer das Land unterwarfen, da fällte die Axt den heiligen Hain und die drei Buchen und ein römischer Gott trat an ihre Stelle. Doch auch dieser musste weichen. Alsbald erhob sich eine christliche Kirche, dort wo einst der heilige Hain und die drei Buchen standen. Zur Ehre des dreieinigen Gottes und der heiligen Jungfrau Maria wurde sie eingeweiht.[22]

August Stöber zitiert hier eine Sage, welche die Kontinuität des heiligen Münsterplatzes in Strassburg von der keltischen, über die gallo-römische und die mittelalterlich-christliche Zeit hin betont. Im Kommentar dazu berichtet er eine Schlüsselstelle zum Verständnis des heiligen Haines: „So soll namentlich die Kathedrale zu Metz, gleichwie das Münster zu Strassburg, auf einer Stätte erbaut worden sein, wo zuvor ein solcher heiliger Hain mit einem Opferstein gestanden hatte."[23] Neben dem heiligen Stein in Strassburg soll zudem eine heilige Quelle in einen Brunnen gefasst worden sein. Er befand sich gerade vor dem Hauptpfeiler der Kathedrale, nahe der Kirchenmauer. Im Volk hiess dieser Brunnen bzw. diese Quelle „Kindelsbronnen", und in Strassburg wird gesagt, dass alle neugeborenen Kinder aus dem Münsterbrunnen geschöpft wurden. Dazu kommt, dass unter dem Münsterplatz ein riesiges Gewölbe mit einem See gewesen sein soll, dessen Eingang gegenüber der Kathedrale lag, „ein finsteres, unheimliches, mit starker Türe verwahrtes Loch". Dieser unterirdische See könne mit einem Schiff befahren werden, so bis zum Fischerbrunnen, zudem sei dieser mit Schlangen und Kröten besetzt.

Was können wir nun landschaftsmythologisch für den Münsterplatz in Strassburg zusammenfassen? In der vorkeltischen Bronzezeit wurden in einem heiligen Hain drei heilige Bäume verehrt, welche die Weisse Göttin in ihrer Dreifaltigkeit darstellen, ähnlich den drei Saligen Frauen, die ebenfalls in einer Baumtriade verehrt wurden.[24] Im Zentrum stand ein Stein, der nochmals die Erd- und Mondgöttin repräsentierte und wahrscheinlich von einem Steinkreis umringt war. Diese heilige Schossanlage der Göttin wird noch durch eine heilige Quelle und das Wasser des Lebens ergänzt, was die heilige Öffnung, die Höhlung und den Gang zur Unterwelt betont, aus dem alles Leben wie aus einem „Kindelsbronnen" geschaffen ist, um dorthin wieder zurückzukehren, d.h. eine Jenseitsreise („Opferstein") mit einer glücklichen Wiedergeburt im Jenseitsparadies zu erwarten, wo die Göttin mit ihrer Schlange wohnt. Diesem diesseitigen und jenseitigen Paradiesort ohne grössere Tempelanlage – denn der natürliche Ort an sich ist schon heilig – stand vermutlich ein Priesterinkonvent von neun oder zwölf Frauen mit einer Königin/Priesterin vor, die mit ihrem männlichen Partner (Heros, König) und allen Menschen die jahreszeitlich-zyklischen Rituale feierten

In frühpatriarchaler und keltischer Zeit wurde dieser friedliche Ort – es existierten keine Befestigungsanlagen – kriegerisch erobert und besetzt und die Göttin/Priesterin geschändet bzw. durch einen Kriegsgott ersetzt. Mit der Zeit entstand ein gewisser Ausgleich von Eroberern und Eroberten in einer neuen Gesellschaft, zum Beispiel gallischen. Nach der Eroberung der Gebiete durch das römische Heer ersetzten die neuen Machthaber den alten gallischen Kriegsgott durch einen römischen, so dass sich Religion und Gesellschaft wiederum ausglich und zur gallo-römischen wurde. Der Stein der Göttin blieb ein männlicher Kriegsgott, jedoch verehrten die Menschen weiterhin eine alte Frauendreiheit (drei Buchen), welche die Gallier wahrscheinlich Bethen nannten und die Gallo-Römer Matres oder Matronae, die „Mütter". In christlicher Zeit wurde der ganze Platz dem dreifaltigen Gott (Vater, Sohn, hl. Geist) geweiht, jedoch auch der beliebten Figur der Maria, welche die unterschwellige Göttin-Kultur im Volksglauben in einem offiziellen Rahmen fortsetzen soll. Nun übt der Bischof die Funktionen der Priesterin/Königin aus und salbt den König, der in der Tradition der männlichen Partner der Göttin/Königin steht, zum weltlichen Herrscher (siehe Bischof Remigius und König Chlodwig I. in Reims).

Dies der mythologische Werdegang des Münsterplatzes in Strassburg (Argentoratum), der Stadt der Weissen Göttin. Und wie steht es mit dem Münsterhügel in Basel, dem heiligen Hain der Rheinstadt? Die älteste Ortsbezeichnung für Basel ist wahrscheinlich Arialbinnum[25], das wir trennen können in die Wörter ari-alb-inn-um und erhalten damit ein eindeutiges Wort alb-, das weiss bedeutet. Der erste Teil des Wortes, ari-, erinnert sehr stark an ähnliche Wörter wie Argentoratum oder Ergolz, jedoch müssen wir uns eine andere Wortwurzel vorstellen. Aber auch der drittletzte Wortteil vor der Endung -um scheint mir bedeutsam zu sein, denn wir können ihn mit einem Inn- oder Ann-Wort vergleichen, das im Namen der Göttin Dana oder Ana vorkommt und als weiteres Beispiel dem Fluss Inn (< Ainos) seinen Namen gab. Wir hätten demnach eine genau Entsprechung zum Namen des Rheines (< Bel-ena/Ber-ena/Rena) und der heiligen Stätte Münsterhügel (oder Gasfabrik) mit der Weissen Göttin Ana/Inn.

Im Brauchtum des Jura und der Region Montbéliard und Belfort ist nun heute noch eine mythologische Frauengestalt mit dem Namen Tante Arie bekannt, die besonders an Weihnachten erscheint und hier die ältere Göttin-Kultur fortsetzt, bevor diese ganz von einem Weihnachtsmann ersetzt wurde. Diese Tante Arie ist etwa gleichzusetzen mit einer Frau Percht oder Berta, deren Namen wiederum die Weisse bedeutet. Ihr Name erscheint auch bei der walisisch-keltischen Göttin Arianrhod, was mit „Silbernes Rad" übersetzt wird, also auf eine Erd- und Mondgöttin hinweist. Den Schlüssel zur Namenslösung von ari- enthält aber nicht nur der Göttinnamen Tante Arie, die den weissen Aspekt eben auch auf sich trägt, sondern eine Göttin namens Era, Hera oder Haerecura, die auf Inschriften bezeugt ist.[26] Noch im 5. Jahrhundert n.u.Z. wird sie als „Wilde Era" beispielsweise auf einem Ziegel von Roussas (Dauphiné) mit der Inschrift „fera com era" dargestellt und verehrt, wahrscheinlich von einer breiten Bevölkerungsschicht, denn fast tausend Jahre später wird sie im 15. Jahrhundert unter der christlichen Folter der Hexenverfolgung als Göttin genannt: Hera Diana oder Herodiana: „Noch zu Anfang des 15. Jahrhunderts glaubten Bauern in der Pfalz, eine Gottheit mit Namen Hera, Spenderin von Überfluss, fliege während der Zwölf Nächte zwischen Weihnachten und Dreikönig umher, in der zur Rückkehr der Toten bestimmten Zeit."[27] Auf dem genannten Ziegel ist die Göttin reitend oder fliegend auf einem seltsamen Tier (Hirsch, Vogel?) dargestellt.

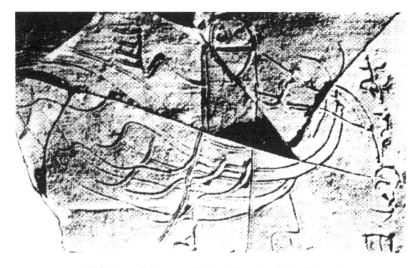

Göttin Era auf einem mythischen Tier reitend oder fliegend

Der Name der Göttin Era oder Hera bedeutet nun wortwörtlich Erde. Sie ist als Erdgöttin die Schwarze und als Mondgöttin die dreifaltige Weisse Göttin. Sie erscheint als Königin der Nacht besonders noch an Weihnachten, wo sie die Menschen mit Gaben beschenkt wie eine Berta/Percht oder Lucia (die Weisse), Aspekte einer Göttin, die bei der hl. Brigit oder Odilie wiederzufinden sind. Sie ist damit die Vorgängerin des sogenannten „Christkindes", das kein Kind ist, wie heute sentimental angenommen wird, sondern eine Grosse Göttin, die im Zuge der Patriarchalisierung zum infantilen Wesen wurde. Interessant ist auch die Erscheinung der Göttin. So reitet Tante Arie auf einem hilfreichen Esel, wie die Göttin Era fast zweitausend Jahre vor ihr auf einem mythischen Tier reitet, während das Elsässer „Christkind" einen wilden, dunkeln Begleiter namens Hans Trapp besitzt, der auf eine historische Persönlichkeit zurückgehen soll: „Im ganzen Unter-Elsass heisst der schreckliche Begleiter des lieblichen Christkindes Hans Trapp. Er tritt vermummt oder mit schwarzbestrichenem Gesicht, einen Stock in der Hand und schellenrasselnd, in die Stube und straft die ungehorsamen Kinder."[28] Ein Holzstich aus dem Jahr 1863 zeigt in bürgerlich-biedermeierischer Art und Weise eine weihnachtliche Szene mit einem „Christkind", der Göttin in weissem Gewand und Glanz, die nun der häuslichen Mythologie dient und die Kinder beschenkt, während sie einmal die Göttin von Leben und Wiedergeburt war, dem tieferen Sinn der geweihten Nächte und Tag der Geburt.

Die Weisse Göttin als „Christkind" im Elsass und Hans Trapp[29]

Der alte Name von Basel, Arialbinnum, lässt sich somit entschlüsseln als heilige Erde (ari) der Weissen Göttin (alb) Ana, das auch Mutter bedeuten kann, also der geweihte Platz der Weissen Muttergöttin Ana mit ihrer heiligen Schlange (Belena/Rena/Rhenus). Genau diese Bezeichnung deutet auf einen heiligen Hain hin, wie wir ihn schon beim Münsterplatz in Strassburg/Argentoratum vorgefunden haben, und dies ist auch der heilige Bezirk, worauf sich heute das Basler Münster befindet, nämlich der Münsterhügel als geweihte Stätte der Weissen Göttin. In der gallo-römischen Nachfolge hiess dann der sakrale Ort Basilia (> Basel), die Stätte der Königin oder der königliche Ort, denn hier fand einst seit vorkeltischer Zeit die feierliche Inthronisation des Königs durch die Priesterin/Königin statt, die Heilige Hochzeit auf dem geweihten Hügel der Göttin und der Schlange. Nun wird auch die Sage vom Basler Basilisken deutlicher fassbar, denn der Basilisk (= der kleine König) erscheint als männlicher Partner der Göttin/Königin in einem ihrer Tiersymbole, nämlich als Drache, einer Mischform von Vogel (Hahn) und Schlange, was während der Basler Fasnacht wieder als Vogel Gryff dargestellt ist.

Damit ist nicht gesagt, dass es auch eine andere Herleitung des späten Namens Basel geben kann, denn es handelt sich hier um eine inhaltliche Überlieferung eines rituellen Zusammenhanges. Ich denke auch an den Namen der drei heiligen Frauen, Bethen genannt, die in Ortsnamen vorkommen, somit eine Ableitung von Bethel/Betzel/Bazel zumindest möglich erscheint, zumal die fremden Römer den Namen mit einem bekannteren Basilia übersetzt haben, was zwar sprachlich falsch, aber inhaltlich korrekt wäre. Schliesslich ist auch eine Herleitung von Balis oder Balsis in Betracht zu ziehen, denn wir erkennen wiederum die Wurzel bhel- = weiss und bedeutet in dieser Kombination oft Erde/Land vermischt mit Wasser, was auf die Landstriche um den Münsterhügel zutreffen würde.[30] Der Name wäre dann schon in früherer Zeit zu Basil (< Balis) geworden und von den Gallo-Römern als Basil/Basilia weitertradiert worden. Dazu noch einige Bemerkungen zu den Raurikern, die vor zweitausend Jahren in der Region Basel siedelten.

Diese werden allgemein den Kelten zugesprochen, obwohl es Kelten in diesem Sinne wahrscheinlich nie gegeben hat. Was seit den griechischen Geographen als „Kelten" (Keltoi) überliefert ist und gerade im 18. und 19. Jahrhundert (und darüber hinaus) zur Kelto-manie wurde, ist ein vager Sammelbegriff für alles Mögliche und Unmögliche, gerade wenn ich an die Vereinnahmung der um Tausende von Jahren älteren Megalithkultur denke. Genauso wie es ethnologisch keine Asiaten oder Indianer gibt, sondern ein buntes Neben- und Miteinander von verschiedenen Völkerschaften, die in sich noch differenziert werden müssen, so gab es auch keine Kelten. Was wir Kelten nennen, ist eine vielschichtige Völkergemeinschaft mit teils bronzezeitlich-jungsteinzeitlichen Traditionen und teils indoeuropäischen hierarchischen Bevölkerungsschichten, die allmählich zusammenschmolzen. So ist es lohnend, sich den Stammesnamen der Rauriker einmal genauer anzusehen. Betrachten wir den eigentlichen Kernnamen (r)auriker, also auriker oder ari-cer, ist eine Ähnlichkeit zu dem inschriftlich belegten und oben schon erwähnten Göttinnamen Aericura nicht von der Hand zu weisen. Die (R)auriker der Zeit um 50 v.u.Z. nennen sich nach ihrer Stammesgöttin Aericura, einem Erbe aus vorkeltischer Zeit. Die (R)auriker selbst waren ein „keltisierter", sprich indoeuropäisierter Stamm mit einem hohen Grad an kulturellem Erbe einer älteren Göttin-Kultur. Dies lässt sich auch in der Kunst zeigen.

Bei den Ausgrabungen der Siedlung Basel-Gasfabrik wurde ein harmonisches und künstlerisch hochstehendes Kugelgefäss mit einer kreisförmig-zyklischen Verzierung gefunden: „Das Hauptmotiv des Gefässes liegt in den vier runden Medaillons, die zwischen den vier Dreieckpaaren entstanden sind. In allen vier Medaillons setzt die leicht schräge Mittelachse einen Kontrast zum rankenartigen Fluss der geschweiften Dreiecke mit Füllwerk."[31] Sicher ist, dass es verschiedene Interpretationen der Verzierung und des Kugelgefässes gibt, die sich aber nicht unbedingt ausschliessen müssen. Jedenfalls haben wir davon auszugehen, dass vor uns ein künstlerisch-poetisches als auch ein mythologisches Artefakt liegt, denn Kunst und Mythologie sowie alltägliche Praxis waren früher nicht isoliert voneinander getrennt, sondern bildeten eine notwendige Einheit. Auch zeitlich könnte das Muster ebensogut in die Bronze- oder Jungsteinzeit gehören als in die Eisenzeit, was nochmals auf die andere Herkunft der (R)auriker hinweisen würde.

Kreisförmige Verzierung des Kugelgefässes von Basel-Gasfabrik

Betrachten wir das Kugelgefäss zweidimensional von oben, erhalten wir eine Öffnung im Zentrum und ein zyklisch-schlängelndes Kreismustersystem mit vier bzw. acht Hauptmotiven darum herum. Dargestellt ist wie schon so oft das Rad des Lebens, d.h. ein Kreis um ein Zentrum, hier mit vier oder acht Andeutungen, was auf den zyklischen Jahreskreis und die entsprechenden Rituale hinweisen würde. Betrachten wir das Gefäss dreidimensional, so erscheint es als Höhlung und Innenraum, was auf den Schoss der Göttin hinweist, bzw. sie selbst repräsentiert. Als Ganzes können wir das Gefäss zudem als ein kosmisches Ei sehen, um das sich herum eine zyklische Schlange windet, die wiederum verschiedene, aufgemalte Eier umringelt (siehe Verzierung). Rekonstruieren wir die Herleitung des Musters, so erkennen wir dies noch deutlicher. Das Grundmuster ist eine Schlange und ein Ei, wir erhalten also vier ganze kosmische Eier. Durch Teilung des Grundmusters und Drehen der einen Hälfte ergibt sich ein grosses Vierermuster mit acht halben kosmischen Eiern, was einen Schöpfungsakt darstellt.

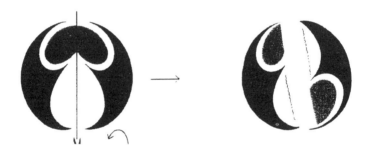

Grundmuster mit Ei und gedrehtes Grundmuster des Kugelgefässes von Basel

Das kosmische Ei, das die Weisse Mondgöttin selbst darstellt, ist ein Grundmotiv der Mythologie und auch der Landschaftsmythologie und wurde in verschiedenen astronomisch-kalendarischen Sakralbauten mit Kreis- bzw. Ovalform nachgebildet. Sie reicht mindestens in die Jungsteinzeit zurück. Dahinter steht eine der ältesten Mythologien überhaupt, die uns überliefert wurde und aus dem östlichen Mittelmeergebiet aus der Zeit der Göttin Dana oder Ana stammt. Es handelt sich um den sogenannten Pelasgischen Schöpfungsmythos, der einmal weiter verbreitet sein musste, denn die vorindoeuropäischen Pelasger waren ein Volk von jungsteinzeitlichen Seefahrer/innen: „Am Anfang war Eurynome, die Göttin aller Dinge. Nackt erhob sie sich aus dem Chaos. Aber sie fand nichts Festes, darauf sie ihre Füsse setzen konnte. Sie trennte daher das Meer vom Himmel und tanzte einsam auf seinen Wellen. Sie tanzte gen Süden; und der Wind, der sich hinter ihr erhob, schien etwas Neues und Eigenes zu sein, mit dem das Werk der Schöpfung beginnen konnte. Sie wandte sich um und erfasste diesen Nordwind und rieb ihn zwischen ihren Händen. Und siehe da, es war Ophion, die grosse Schlange. Eurynome tanzte, um sich zu erwärmen, wild und immer wilder, bis Ophion, lüstern geworden, sich um ihre göttlichen Glieder schlang und sich mit ihr paarte. So ward Eurynome vom Nordwind, der auch Boreas genannt wird, schwanger. Dies ist der Grund, warum Stuten oft ihr Hinterteil dem Winde entgegenhalten und trächtig werden ohne Hilfe eines Hengstes.

Dann nahm Eurynome die Gestalt einer Taube an, liess sich auf den Wellen nieder und legte zu ihrer Zeit das Weltei. Auf ihr Geheiss wand sich Ophion siebenmal um dieses Ei, bis es ausgebrütet war und aufsprang. Aus ihm fielen all die Dinge, die da sind: Sonne, Mond, Planeten, Sterne, die Erde mit ihren Bergen und Flüssen, ihren Bäumen, Kräutern und lebenden Wesen. Die nächste Tat der Göttin war die Erschaffung der sieben Planeten. Über jeden setzte sie eine Titanin und einen Titanen."[32]

Wie würde nun eine solche Mythologie an den Oberrhein gelangen? Wie wir oben besprochen haben, existierten in diesem Gebiet verschiedene, jungsteinzeitlich-mediterrane Einflüsse aus dem Donau- und Balkanraum als auch aus Südfrankreich der Rhone entlang. Eine eigene Kultur mit Ackerbau, Astronomie und Göttin-Kultur entstand, die dann indoeuropäisiert bzw. keltisiert wurde, jedoch innerhalb der Gesellschaft noch lange mündlich und in der Kunst überliefert werden konnte, zumal die Herrenschicht der Kelten nur eine dünne, militärische Oberschicht bildete, während der grössere Teil des Volkes aus eroberten Nicht-Kelten bestanden haben dürfte. Diese Situation finden wir bei den (R)aurikern, die vor der Zeitenwende am Ober- und Unterrhein gesiedelt haben und damit auch in der Region Basel.

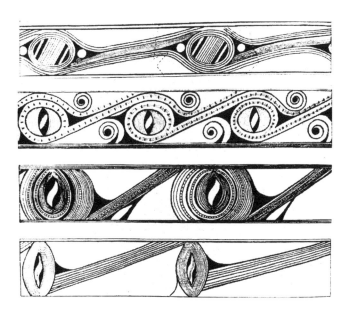

Jungsteinzeitliche Gefässverzierungen aus Osteuropa

Der Münsterhügel – ein heiliger Hain

Es gibt noch weitere Parallelen vom Münsterplatz in Basel zum heiligen Hain von Strassburg, wo heute die Kathedrale steht. Wie wir gesehen haben, sprudelte dort eine Quelle oder ein Brunnen, von dem die Strassburger ihre Kinder bzw. die Seelen der Ahnen zur Wiedergeburt empfingen. Des weiteren wird von einem Loch, dem Eingang zur Unterwelt, und einem schiffbaren See berichtet, in dem Schlangen und Kröten hausen. In Basel entspricht diese natürliche Anlage dem heiligen Flüsschen Birsig und dem Gerberbrunnen, von dem folgendes in der Sage berichtet wird:

„Damals hatte Herzog Trebeta das ganze Land dem Rheinstrom entlang von Trier herauf bis zu den Helvetern in seine Gewalt gebracht und sich das Volk der Teutonen untertänig und zinspflichtig gemacht. Zu ihnen gehörte auch das Volk der Rauracher (das sind die Basler), die damals keine Heimstatt oder befestigten Ort hatten. Er siedelte sie im Gebirge bei den Helvetern an und half ihnen die Stadt Raurica zu bauen. Deshalb wird er auch Stifter dieser Stadt genannt. Zuvor hatten die Rauracher ihre Stadt selbst verbrannt und waren mit den Helvetern fortgezogen. Doch als sie mit den andern Nachbarvölkern im Burgund von den Römer besiegt worden waren, kehrten sie in ihr Land zurück und wurden gezwungen, Stadt und Dörfer wieder aufzubauen und hier zu siedeln. Doch war es nicht Augusta Raurica, eine Stadt, die lange in der Gewalt der Römer gewesen war und die auch von den Ungarn, welche die deutschen Lande verwüsteten, zerstört wurde. Dort waren die Bauten so verfallen, dass die Rauracher an einem anderen Ort ihre Stadt erbauen wollten. Etwa eine Meile davon entfernt, richteten sie zwischen zwei Flüssen aus den Trümmern von Augusta Raurica, die sich leicht auf dem Fluss transportieren liessen, das neue Basel in kurzer Zeit auf. Während des Baues fand man im Gerberbrunnen einen Basilisken; daher wurde diese Stadt Basel genannt, ein Name der auf Griechisch die ‚königliche' heisst."[33]

Wie auch immer die historische Begebenheit gewesen sein mag, uns interessiert hier der mythologische Gerberbrunnen mit der Drachen-Schlange (Basilisk), einem Zugang zur Unterwelt durch diesen Brunnen oder die Birsig, sowie eine landschaftsmythologische Verbindung von Basel zu Augst (Augusta Raurika). Wie wir noch sehen werden, war die Tempelanlage von Augst eine der heiligsten Stätten in der Region Basel überhaupt, mit ähnlichen, landschaftsmythologischen und astronomischen Grundmustern, so dass es nicht erstaunlich ist, dass in der Sagentradition eine mythische Verbindung tradiert wurde. Besonders eindrücklich ist zudem, dass wir in diesem Jenseitsparadies eine mythologische Frauengestalt (Fee/Göttin) antreffen, die unsere bisherigen Betrachtungen zur Weissen Göttin von Basel bestätigen. Diese erscheint als Reichtumspenderin im Jenseitsreich, wohin ihr männlicher Partner (Heros) eine glückliche Reise während der Zeit der Wandlung durchlebt, um durch die Göttin der Weihnachtszeit wiedergeboren zu werden. Typisch für die Sage sind aber einige Züge moralisch-verzerrt dargestellt, zudem vermischen sich Handlungen und Rituale im Jahreskreis, so dass ebenfalls eine erotische Begegnung (Heilige Hochzeit) von Göttin und Heros geschildert wird, die jedoch im patriarchalen Kontext negativ, lasterhaft und dämonisch ausgehen muss:

„Um das Jahr 1520 war einer zu Basel im Schweizerlande, mit Namen Leonhard, sonst gemeinlich Lienimann genannt, eines Schneiders Sohn, ein alberner und einfältiger Mensch, und dem dazu das Reden, weil er stammerte, übel abging. Dieser war in das Schlaufgewölbe oder den Gang, welcher zu Augst über Basel unter der Erde her sich erstreckt, ein- und darin viel weiter, als jemals einem Menschen möglich gewesen, fortgegangen und hineingekommen und hat von wunderbarlichen Händeln und Geschichten zu reden wissen. Denn er erzählt, und es gibt noch Leute, die es aus seinem Munde gehört haben, er habe ein geweihtes Wachslicht genommen und angezündet und sei mit diesem in die Höhle eingegangen. Da hätte er erstlich durch eine eiserne Pforte und danach aus einem Gewölbe in das andere, endlich auch durch etliche gar schöne und lustige grüne Gärten gehen müssen. In der Mitte aber stünde ein herrlich und wohlgebautes Schloss oder Fürstenhaus, darin wäre eine gar schöne Jungfrau mit menschlichem Leibe bis zum Nabel, die trüge auf ihrem Haupt eine Krone von Gold, und ihre Haare hätte sie zu Felde geschlagen; unten vom Nabel an wäre sie aber eine greuliche Schlange. Von derselben Jungfrau wäre er bei der Hand zu einem eisernen Kasten geführt worden, auf welchem zwei schwarze bellende Hunde gelegen, also dass sich niemand dem Kasten nähern dürfen, sie aber hätte ihm die Hunde gestillt und im Zaum gehalten und er ohne alle Hinderung hinzugehen können. Darnach hätte sie einen Bund Schlüssel, den sie am Hals getragen, abgenommen, den Kasten aufgeschlossen, silberne und andere Münzen herausgeholt. Davon ihm dann die Jungfrau nicht wenig aus sonderlicher Mildigkeit geschenkt, welche er mit sich aus der Schluft gebracht; wie er denn auch selbige vorgezeigt und sehen lassen. Auch habe die Jungfrau zu ihm gesprochen, sie sei von königlichem Stamme und Geschlecht geboren, aber also in ein Ungeheuer verwünscht und verflucht und könne durch nichts erlöst werden, als wenn sie von einem Jüngling, dessen Keuschheit rein und unverletzt wäre, dreimal geküsst werde; dann würde sie ihre vorige Gestalt wiedererlangen. Ihrem Erlöser wolle sie dafür den ganzen Schatz, der an dem Orte verborgen gehalten würde, geben und überantworten. Er erzählte weiter, dass er die Jungfrau bereits zweimal geküsst, da sie denn alle beidemal, vor grosser Freude der unverhofften Erlösung, mit so greulichen Gebärden sich erzeigt, dass er sich gefürchtet und nicht anders gemeint, sie würde ihn lebendig zerreissen; daher er zum drittenmal sie zu küssen nicht gewagt, sondern weggegangen wäre. Hernach hat es sich begeben, dass ihn etliche in ein Schandhaus mitgenommen, wo er mit einem leichtsinnigen Weibe gesündigt. Also vom Laster befleckt, hat er nie wieder den Eingang zu der Schlaufhöhle finden können; welches er zum öftern mit Weinen beklagt."[34]

Betrachten wir die verschiedenen Varianten des Sagentyps, so erscheinen oft drei „verwunschene" Frauen mit einem halb schwarzen und halb weissen Körper, mit einem Fischschwanz oder Schlangenleib.[35] Überliefert ist hier die Weisse Göttin Belena (> Rena/Rhenus) in Gestalt einer Wasserfrau, die den Rhein symbolisiert. Zu ihr gesellt sich der ehemalige männlich-matriarchele Partner, der Lieni (Beli), der ebenfalls abgewertet als naiver Dümmling präsentiert wird. Der Lieni (< Leonhard) war in Basel eine beliebte Heiligenfigur, jedoch steht hinter ihm eine ganz andere Sagengestalt, die noch archaischer den männlichen Partner der Göttin beschreibt. Gemeint ist der Sohn-Geliebte Löli oder Loll der Göttin Frikka/Freya aus gallo-römischer und alemannisch-germanischer Zeit, der als jugendlicher Vegetations-Heros der Grossen Göttin überliefert ist und dementsprechend in der Veränderung der Mythologie als naiver Bursche geschildert werden kann: „In dieser Lokalsage wird der Name des männlichen Partners der Göttin Frikka als Loll, Lull und Lell überliefert. Die Flur ‚Löhlein', wo der Überlieferung nach der kleine Hain des Götzen gewesen sein soll, ist tatsächlich nur wenige hundert Meter von der Frikkenklingen entfernt. Wie bereits erwähnt, ist dieser seltsame Name eine Bezeichnung für einen kindlich-naiven, kleinen Gott, der zwar das Jünglingsalter erreicht, aber niemals erwachsen oder gar alt wird. Er verkörpert den ewig jungen Gott der Fruchtbarkeit, der in jeder Vegetationsperiode neu geboren wird. In diesem Kreislauf des Lebens ist für Alter und Tod kein Platz, sondern der zur Reife gelangte jugendliche Gott kehrt mit dem Ende des Sommers zurück in den Schoss der mütterlichen Erde, die ihn immer wieder in jedem Frühjahr zu neuem Leben hervorbringt. Dass hier das duale Prinzip der beiden Fruchtbarkeitsgottheiten zugrunde liegt, erkennt man auch daran, weil in anderen Gelände- und Ortsnamen diese Namen gleichfalls paarweise vorkommen, z.B. in dem erwähnten Frickenfelden und Lellenfeld bei Gunzenhausen."[36]

Genau diesen Sachverhalt beschreibt unsere Sage vom naiven Lieni, der zur Göttin-Schlange eine Jenseitsreise unternimmt. In matriarchaler Zeit des Dreilandes hiessen die Göttin und ihr Heros Belena und Beli oder Belaka und Beli, die Weisse Göttin, welche ihrem Sohn-Geliebten ihren Namen gab. In frühpatriarchalkeltischer Zeit der (R)auriker mit ihrem hohen Grad an vorkeltischen Relikten erhalten wir ein Paar Aericura und Vogesus/Vosegus, der wie einst der keltische Gott Esus ein Vegetationsheros war. In gallo-römischer Zeit setzen diese Tradition der Göttin-Heros-Struktur[37] – jedoch in einem schon gänzlich anderen Umfeld – die Göttin Diana und ein Belenus Apollo fort, wie Tempelfunde in Augst bezeugen. Die Alemannen wiederum nennen dieses Paar in ihrem Selbstverständnis Freya und Lull/Löll oder bringen dieses bei ihrer Wanderung mit. Und was geschieht während der Christianisierung? Die Göttin wird entweder zu einer dämonischen Figur und Hexe verdrängt oder zu einem feenhaften Wesen verflüchtigt. Oder sie wird getauft und heilig gesprochen, wie Beispiele der hl. Odilie und hl. Brigit zeigen. Nützt diese „Reinigung" nichts, ersetzen verschiedene Frauenfiguren der Bibel und der Legenden die alte Göttin, allen voran Maria und Anna, die in der Krypta des Basler Münsters in braver Manier an die Wand gemalt wurden.

Im Volk jedoch erscheinen diese „dämonischen" Wesen besonders an der Fasnachtszeit, in Basel speziell als drei Kalender- und Tiersymbole der Göttin, nämlich der Löwe für den Frühling, der Wilde Mann (= Vegetationsheros wie der Löli) für den Sommer und der Vogel Gryff (= Drache) für das Jenseits und den Winter. Ebenfalls zur Fasnachtsfigur wurde der Löli, dazu noch zu einer Scherzfigur, aber noch deutlich verbunden mit der zyklisch-vegetativen Jahreszeit, denn er wird in Kombination mit einem Uhrwerk dargestellt.[38] In Basel heisst er seit dem Mittelalter der Lällenkönig, eine Umbildung von Löll oder Lull, das nicht mehr verstanden wurde und mit dem Dialektwort für Zunge, „Lälle", eine eigene Interpretation erlangte. Immerhin erscheint der Basler Lälli noch als Lällen-König mit einer Krone, rollenden Augen und herausgestreckter Zunge, wie auch der Basilisk, der Drache und das Tiersymbol der Göttin, in welchem der Heros erscheint, als kleiner König übersetzt werden kann. Der Lällenkönig galt fast schon als Wahrzeichen von Basel wie der Basilisk mit dem Wappen des Bischofsstabes. Er hing beispielsweise fast 300 Jahre lang neben der Turm- und Sonnenuhr am Basler Rheintor.

Löwe, Wilder Mann und Vogel Gryff – Ehrenzeichen von Basel. Umzug am 14., 21. und 28. Januar[39]

Lällenkönig von Basel von N. Stöcklin

Lällenkönig neben der Turm- und Sonnenuhr am Basler Rheintor (nach P. Toussain, 1839)

Einen Lell besass auch die Ortschaft Lellenfeld in Deutschland, deren Bürger sich jedoch wegen dieser Figur nicht länger necken lassen wollten und den Lell von der Kirchenmauer, also einem geweihten Platz wie das Basler Münster, entfernten. Unser Lällenkönig in Basel dürfte demnach ebenfalls zu seinem alten Königsplatz gehören, dem Münsterhügel, wo er als kleiner König Basilisk zuvor aus dem Gerberbrunnen bzw. aus dem heiligen Schoss der Göttin geboren wurde, um am Platz des Münsters durch die Priesterin/Königin initiiert und inthronisiert zu werden. Als Sohn-Geliebter feierte er als Heros-König mit der Göttin-Königin im Mittsommer Heilige Hochzeit, um im Herbst wie alle Vegetationsheroen seine glückliche Jenseitsreise in das unterirdische Jenseitsparadies der Göttin der Weisheit und der Wiedergeburt anzutreten, wie dies in der Sage des kleinen Lieni und der Schlangenfrau noch durchschimmert. Es bestünde also gar keinen Grund für die Lellenfelder, sich des Lells wegen zu schämen, steht ihr Lell doch in einer jahrtausendealten Tradition der glückseligen Heroen der Wandlung durch die Göttin, zumal sie sicher alle an Weihnachten die Wiedergeburt des Kindes feiern. Ausserdem ist Lell oder Lull eine direkte Übersetzung des griechischen Wortes Basilisk, bedeutet es einfach „der Kleine, der Junge"[40] und demnach der kleine König als Sohn-Geliebter der Weissen Göttin, die in der Weihnachtsgeschichte als jungfräuliche Maria erscheint.

„'Zu Grosslellenfeld, auch Unterlellenfeld, im eichstättischen Gebiete, sonst zum Kassenamt Arberg gehörig, hat vordessen an der Kirchmauer ein Steinbild gestanden, das hiessen sie den Löll; und es war gestaltet wie die Figur des Götzen Loll oder Lollus bei Schweinfurt. Es hielt mit dem Daumen und Zeigefinger die

Zunge; und der Ortsname soll von ihm herkommen, wie nicht minder für solche, die gern Kinder necken und zerren, gar ein spöttliches Schimpfwort, das nicht wohl zu schreiben ist, und ein Spitzname. Man nennt in dieser Gegend jemand, der nicht gut zu reden weiss und gleichsam die Zunge sperrt, noch heutigen Tages einen Löll oder auch einen Lolli und – ist die Person weiblichen Geschlechts – eine Lull'n. Die Lellenfelder hören diese Sage vom Löll nicht gern; um nicht fort und fort daran zu erinnern, wird gesagt, dass sie das Löllenbild vor etwa fünfzig Jahren von der Kirchmauer weggenommen und auf das Langhaus der Kirche gebracht hätten.' Diese Sage und die Reste der einstigen Steinfigur, ein hinter die Orgel in die Westseite der Kirche eingemauerter Kopf, bestätigen den heidnischen Kult auch an dieser Stätte. Für die christliche Sublimation des germanischen Fruchtbarkeitskultes ist die bereits im 11. Jahrhundert erbaute Marienkirche, die zu einem bekannten Wallfahrtsort wurde, ein ebenso aufschlussreiches Merkmal wie auch die Tatsache, dass bis ins 18. Jahrhundert mitten in der Kirche ein Brunnen vorhanden war, der später überbaut und erst jüngst wieder entdeckt wurde."[41]

Das kosmische Ei der Weissen Göttin

Neben der Quelle im heiligen Hain von Strassburg war der sogenannte „Opferstein" einer der bedeutendsten Verehrungsstätten. Dieser dürfte in vorpatriarchaler Zeit, bevor er einem Kriegsgott geweiht wurde, die Weisse Göttin selbst dargestellt haben, genauso wie die drei Buchen, welche die Dreifaltigkeit der Erd- und Mondgöttin symbolisierten. Doch wie könnte dieser heilige Stein ausgesehen haben? War es ein aufrechter Stein, ein sogenannter Menhir, in weissem Gestein mit den Umrissen einer Menschenform? Oder war es eher ein liegender Steinblock, der auf drei oder vier anderen Blöcken thronend eine Art Altarstein bildete? Wir wissen es nicht, jedoch scheint mir im Vergleich zu den zahlreichen Megalithstätten und -bauten eine Kombination von beidem möglich, und zwar zusammengefügt zu einem Steinkreis mit einem die Mitte symbolisierenden Zentralstein, der eine tischförmige Altaranlage bildete. Solche landschaftlichen Tempelanlagen aus einfachen Steinen finden wir über ganz Europa verstreut, nicht zuletzt als kunstvolle, astronomisch-kalendarische Beobachtungsstätten von Sonne, Mond und Sternen. Die Anlage bildet dabei einen heiligen Kreis oder ein Oval, das als Schoss und Nabel der Erd- und Mondgöttin verstanden wurde, zugleich auch als kosmisches Ei (Mondei) der Himmelsgöttin galt.

In diesem Kreis wurden die jahreszeitlichen Rituale abgehalten, so zum Beispiel die Heilige Hochzeit an Mittsommer von einer „Braut" und einem „Bräutigam", wie die Sagen berichten, was jedoch die Königin/Priesterin/Göttin und ihren männlichen Partner meint.[42] Gleichzeitig war die Steinstätte auch „Opferstätte", d.h. ein Ort der Wandlung und glücklichen Jenseitsreise für den Heros. Und nicht zuletzt dürfte er hier auch seine Initiation durch die Königin/Priesterin erfahren haben, die sich ihre Heroen selbst wählte oder durch ein Wettspiel der Geschicklichkeit und Klugheit ermitteln liess. Erst später scheinen auch Wettkämpfe aufgekommen zu sein. Jedenfalls sind diese Initiationsproben ein fester Bestandteil jeder Mythologie und der Zaubermärchen, wo sie in unterschiedlicher Art und Weise überliefert worden sind und einen Bezug zur konkreten Landschaftsmythologie einer Region bis in die Jungsteinzeit erlauben.

Modell einer Steinkreisanlage mit zentralem Mittelstein

Und was können wir über den Münsterhügel in Basel sagen? Hier finden wir mindestens drei Kultsteine, und zwar einmal reduziert als Gerichts- und Opferstätten für Verbrecher, die mythologisch als Ersatz für den alten Heros in der Zeit der Wandlung stehen, und einmal als heiliger Menhir mit den Fussabdrücken Jesu, wie er in den Himmel fährt, somit ebenfalls eine Jenseitsreise antönt. Die Gerichtssteine oder „heissen Steine" sind für Basel im Mittelalter und in der Neuzeit historisch gut belegt. Interessant und mythologisch völlig verständlich ist es, wenn der „heisse Stein" nicht nur Richtstätte, sondern auch Hochzeitsstätte war, also überhaupt einen jahreszeitlich-rituellen Hintergrund besass wie vermutlich der Stein in Strassburg, denn beides steht wiederum in Zusammenhang mit einer alten Tradition der Ahnenverehrung und einem Wiedergeburtsglauben. Für uns ist es hier wichtig, die Steine im Bereich des Basler Münsterhügels belegt zu haben: „Auf dem Kornmarkt zu Basel befand sich vor dem Haus zum Pfauenberg, das dem alten Rathaus gegenüber lag, der Gerichtsstein des Vogteigerichts der Stadt Basel, der 'heisse Stein', während der Gerichtsstein der minderen Stadt, ebenfalls 'heisser Stein' genannt, zwischen dem Richthaus und der Metzgerbank liegend, dort noch zu seiner Zeit (1760) zu sehen war. Neben dem 'heissen Stein' in Gross-Basel befand sich bis um 1850 der Pranger, das 'Schäftli' genannt, ein auf einem Steinsockel ruhender freistehender hölzerner (nach anderer Angabe steinerner) Pfeiler, um den herum in Mannshöhe ein Brett (das eig. Schäftli) lief. Auf dieses Brett wurde der Delinquent gestellt. Der heisse Stein war ein grosser platter Stein, der vermutlich auf ein paar unterlegten Steinen ruhte, so dass er etwas erhöht war. Er wird wohl lange vor der Zeit seiner ersten Erwähnung im Jahre 1376 dort gelegen haben. Er diente sowohl für kriminelle wie für andere Rechtshandlungen. Auf ihm wurden den Aufrührern bei der bösen Fastnacht die Köpfe abgeschlagen... Nun aber ist in Bern und Basel weiter der Heisse Stein die Bezeichnung der Stelle, wo getraut wird... Diese Wendung lässt sich nur verstehen, wenn wir annehmen, dass die Braut oder das Paar ursprünglich auf dem Gerichts- und Kultstein, der ja, wie wir gesehen haben, auch bürgerlichen Zwecken diente, gestanden haben und dass die Lokalisierung des Brauches vor den Altar der Kirche eine spätere Übertragung darstellt, und zwar des protestantischen Bekenntnisses. Im katholischen Ritus fand dieser Vorgang, nachdem die Kirche sich in die Eheschliessung eingeschaltet hatte, vor und nicht in der Kirche statt, wie wir noch in einem Frankfurter Fall sehen werden. Aber auch da ist es ein Gerichtsstein, auf dem die Handlung stattfindet."[43]

Der dritte Stein in Basel ist wie gesagt ein weisslicher Menhir mit den Fussabdrücken Jesu bei seiner Himmelfahrt. Darum herum knien verschiedene Menschen, die den Stein verehren. Dieser ist leider nicht plastisch erhalten, jedoch in der beschriebenen Szene in der Martinskirche abgebildet, und zwar an der Wand gegen den Münsterplatz zu, etwas im Dunkeln und für die meisten Besucher der Kirche kaum erkennbar. Es ist nun zu fragen, wie dieser Menhir in die Martinskirche gelangte und welche Bedeutung die beiden anderen Steine noch hatten? Sind diese Steine ein letzter Rest einer grösseren Steinanlage, und welcher Bauplan lag ihr zugrunde? Welcher Zusammenhang besteht zwischen Kirchen und Steinen, und welche Traditionsstränge sind hier noch sichtbar?

Weisser Menhir mit Fussabdrücken an der Seitenwand der Martinskirche

Um diese Fragen beantworten zu können, müssen wir uns die Stätte Basel im grösseren Belchen-Blauen-System zwischen Vogesen, Schwarzwald und Jura wieder vergegenwärtigen. Wie wir gesehen haben, liegt Basel im geographischen Kreuzpunkt zweier Sichtlinien im astronomischen Bergsystem. Einmal ist dies eine Linie von 144° Südost vom Petit Ballon in den Vogesen zum Schweizer Belchen im Jura. Diese Linie durchquert interessanterweise jungsteinzeitliche Stätten wie Illzach und Sierentz im Elsass. Die zweite Linie erstreckt sich etwa 20° Nordost vom Badischen Blauen zum Schweizer Blauen in der Nähe von Mariastein. Beide Strecken bilden einen Schnittpunkt in Basel, und zwar bei der fundreichen Stätte Basel-Gasfabrik etwas nördlich des heiligen Haines des Münsterhügels. Eine Linie ist heute noch gut sichtbar, denn die Elsässerstrasse verläuft praktisch parallel zur bedeutsamen Strecke Petit Ballon-Schweizer Belchen (Belchenfluh), die für Basel eine Grundachse bildet und in die Anlage der Stadt einbezogen wurde.

Diese Hauptachse von 144° Südost besitzt nämlich ein interessantes Phänomen. Drehen wir diese um 90°, so erhalten wir eine Querachse mit der kultisch-astronomischen Ausrichtung von 54° Nordost (144° - 90° = 54°), die uns den geographisch-kalendarischen Zeitpunkt der Sommersonnenwende anzeigt, die jahreszeitlich-zyklisch das Datum der Heiligen Hochzeit von Göttin/Königin und männlichem Partner/König im heiligen Hain auf dem Basler Münsterhügel angibt. So ist es landschaftsmythologisch völlig einsichtig, dass das Basler Münster aus dem 9. und 10. Jahrhundert genau diese Achsen im architektonischen Bau wieder enthält, und zwar im Längsschiff eine Ausrichtung von 54° Nordost, so dass an Mittsommer die Sonne genau in die Krypta scheint, und eine entsprechende Querachse von 144°. Man stelle sich einmal diese Kontinuität vor, die mindestens seit der Bronzezeit über die keltische und gallo-römische Zeit in die Spätantike und ins Mittelalter mündet. Und alle haben das astronomische Belchen-Blauen-System als makrokosmischen Bezugspunkt verwendet. Basel wäre demnach eine völlig antike und vorgeschichtliche Stadt mit einem bronzezeitlichen Fundament und einer jüngeren christlichen Schicht von Kirchenbauten.

Weitere astronomische Bezüge bestehen beispielsweise bei den Sakralbauten: Johanniterkapelle (1206), Predigerkloster am Totentanz (1233), Martinskirche (8./9. Jh.), Augustinerkloster (1276), St. Johanns-Kapelle (um 1200), Münster (9./10. Jh.), Ulrichskirche (um 1240) und Deutschritterkapelle (1268), die alle etwa auf einem Band von 144° Südost und damit auf der Linie Petit Ballon-Schweizer Belchen liegen. Auch die erste Rheinbrücke von 1225, die heutige Mittlere Rheinbrücke am alten Rheintor mit dem Lällenkönig, zeigt eine genaue Ausrichtung von 54° Nordost, also in Richtung Sonnenaufgang am 21. Juni wie das Basler Münster, und verdeutlicht nochmals die Querachse zur Hauptlinie Petit-Ballon-Schweizer Belchen. Von der alten Stätte Basel-Gasfabrik führt eine 90° Linie (Frühlings- und Herbstanfang) zur östlich gelegenen Kirche St. Chrischona, ebenso eine 54° Linie zum Tüllinger Hügel mit der hl. Odilie, die damit den Sonnenaufgang an Mittsommer und das jahreszeitliche Ritual der Heiligen Hochzeit anzeigt. Genau im Süden der bronzezeitlich-keltischen Siedlung Basel-Gasfabrik, und damit auf einer wichtigen Nord-Süd-Orientierung, liegt der Hügel mit der Kirche St. Margarethen, bei der wohl nicht ganz zufällig eine Sternwarte steht.

Wie wir noch sehen werden, repräsentieren hier in Basel die heiligen drei Frauen Chrischona, Odilie und Margaretha die dreifaltige Erd- und Mondgöttin aus matriarchaler Zeit, wie sie in Strassburg im heiligen Hain als drei Buchen verehrt wurden. Durch eine Linie Basel-Gasfabrik zur Anhöhe „Adler" bei Pratteln erhalten wir den Sonnenaufgang an Mittwinter (21. Dezember). Aber auch die zweite Hauptachse Badischer Blauen-Schweizer Blauen (20° Nordost) ist hier bedeutsam, denn die Querachse dazu (110° Südost) führt uns direkt zur alten Stätte von Augst nach Augusta Raurica. Die folgende Skizze, teilweise nach Rolf d'Aujourd'hui, soll die verschiedenen Beziehungen nochmals bildlich verdeutlichen:

Hauptachsen und geographisch-astronomische Linien von Basel:

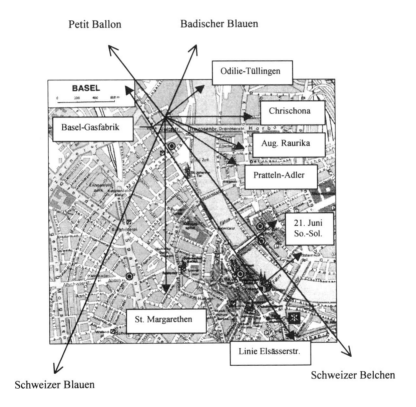

Eine weitere Beobachtung ist, dass nicht nur das Basler Münster astronomisch-kultisch ausgerichtet ist (21. Juni, Mittsommer, Heilige Hochzeit), sondern, wie Anne-Käthi Zweidler für Basel beschrieben hat, auch noch andere Kirchen, insbesondere die Martinskirche, die Peterskirche, die Leonhardskirche und das Barfüsserkloster. Die Martinskirche ist auf den Sonnenaufgang Anfang Mai und Anfang August ausgerichtet, während sie die Sonnenuntergänge Anfang November und Anfang Februar andeutet. Das ergäbe genau die vier „keltischen" Jahresfeste im Jahreskreis von der Göttin Brigit (1. Februar), zu Beltaine (1. Mai), Lugnasad (1. August) und Samahin (1. November), die den kultisch-rituellen Kreis des Jahres oder das Rad des Lebens der Göttin/Königin/Priesterin und ihres Heros bezeichnen. Durch die Ausrichtung der Peterskirche (90° Ost) erhalten wir den Frühlings- und Herbstanfang (21. März und 23. September), welche die Initiation des Heros und seine Jenseitsreise bestimmen. Die Leonhardskirche gehört vom Patrozinium her zum November, ist jedoch mit 72°/73° Ost-Nordost keine eigentliche Sonnenlinie, sondern bildet eine Hilfslinie für ein grösseres System, wie wir noch sehen werden. Die Barfüsserkirche wiederum zeigt mit 125° Südost wieder genau auf eine Sonnenaufgangslinie am 21. Dezember, dem Ritual der Wiedergeburt des Heros-Königs oder Sohn-Geliebten Lälli, wie sein Kopf mit der Sonnenuhr am Rheintor lange Zeit zu sehen war. Nun kann der Jahreskreis von neuem beginnen.

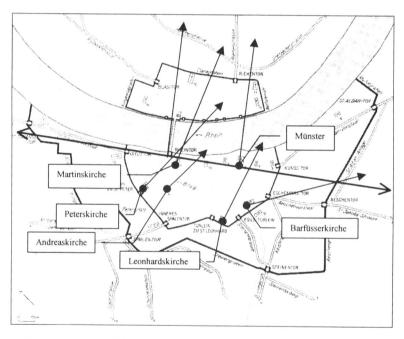

Astronomische Ausrichtung von Basler Kirchen; mit paralleler Hauptachse Petit Ballon-Schweizer Belchen (↔) und Mittsommerlinie der ersten Rheinbrücke

Eine bedeutsame Beobachtung der Kirchen im inneren Kernbereich der Stadt Basel ist nun, dass nicht nur mindestens fünf Sakralbauten eine astronomisch-geographische Ausrichtung haben, sondern – einem inneren Bauplan gleich – auf einem ovalen Kreissystem stehen. Meine These ist daher, dass die Stätten, worauf diese Kirchen heute stehen, wahrscheinlich vorgeschichtlich-rituelle Plätze und teilweise mit einer Steinsetzung markiert waren, wie es oben beschrieben wurde, und wie heute noch ein Menhir in der Martinskirche abgebildet ist. Jedoch muss nicht nur der Steinkreis an sich, sondern die ganze Komposition betrachtet werden, die eine hohe landschaftsmythologische Schöpfung darstellt. Dieses Oval war nämlich ein sogenanntes kosmisches Ei (Mondei) der Weissen Göttin in Vogelgestalt, beispielsweise in Gestalt einer Taube, wie sie im Pelasgischen Schöpfungsmythos überliefert ist. Mit ihr verbunden war die Birsig oder Brisig (bri-/bre- wie bei Brigit, „die Weisse"), die als Schlangenfluss das kosmische Ei durch- oder umfliesst. Die Schöpfergöttin und ihre Schlange sind hier sehr stark präsent, zumal auch der Rhein den Wasserdrachen bzw. die Grosse Drachin symbolisiert. Das Zentrum des Mondeies findet sich ungefähr beim ehemaligen Gerberbrunnen, dort, wo gemäss der Sage der Basilisk (Drache) entdeckt wurde.

Basilisk, halb Vogel, halb Schlange (= Drache) in Basel

In den Sagen wird dieses kosmische Ei, die Schöpfergöttin und die Drachen-Schlange stark verzerrt wiedergegeben, dennoch lassen sich lokal einige Spuren der alten Mythologie auch in der Erzähltradition nachweisen: „Ein Hahn [Vogel] lebte sieben Jahre in einem Haus und legte ein Ei in den Rossmist. Aus dem Ei schloff ein Basilisk heraus. Das hat sich in Basel zugetragen. Darum hat diese Stadt den Namen... Auf Donnerstag vor Laurentii im Jahre 1474 hat man auf dem Kohliberg zu Basel, wo die Freileute wohnten und die Freiknaben zu Gericht sassen, einen Hahnen samt einem Ei verbrannt, das er gelegt hatte. Vorher schnitt der Henker den Hahn auf und fand noch drei Eier in ihm. Dies geschah in Folge richterlichen Spruchs der Freiknaben und im Beisein einer grossen Menschenmasse aus der Stadt und vom Lande, die ob des seltenen Vorfalls nicht wenig in Schrecken war, da man fest daran glaubte, dass aus einem solchen Hahnenei, wenn der Hahn sieben Jahr alt und das Ei im Mist von einer Schlange, Coluber genannt, ausgebrütet wird – Andere meinen, auch die blosse Sonnenhitze tue es – ein Basilisk, ein Tier, halb Hahn, halb Schlange, hervorkomme, das, obgleich nicht grösser als einige Spannen lang, furchtbarer und schrecklicher als der grösste Lindwurm oder Drache ist... Was man endlich von der Stadt Basel erzählt, dass dieselbe von dem Auffinden eines solchen Tieres ihren Namen habe, ist irrtümlich, obschon es mit dem Auffinden seine Richtigkeit hat, wie dies eine alte Chronik erzählt, welche als Stelle, wo dieser Fund geschah, den Gerberbrunnen nennt, der damals eine Quelle in einem wilden Waldtale, dem sogenannten Leimental, gewesen sein soll."[44]

Dass das kosmische Ei und Oval ein Mondei der Weissen Göttin ist, lässt sich nicht nur mythologisch nachweisen, sondern auch astronomisch. Bilden wir die Längs- und Querachse durch das Zentrum, erhalten wir eine geographische Horizontausrichtung von etwa 46° Nordost und 136° Südost. Dies sind bekannte Messdaten, denen wir schon im Belchen-Mond-System der Blauenberge begegnet sind, denn es handelt sich hier um die Hauptorientierung des kosmischen Eies nach der nördlichen grossen Mondwende und der südlichen grossen Mondwende, wie weiter oben gezeigt wurde. In das astronomische System einbezogen sind das Münster, die Martinskirche, die Peterskirche und die Barfüsserkirche, die, wie gezeigt, mit den Sonnenorientierungen Daten im Jahreskreis angeben. Die Leonhardskirche und die ehemalige Andreaskirche ergeben mit ihren Ausrichtungen notwendige „Hilfslinien", um das kosmische Ei sonnen- und mondmässig zu vervollständigen. Denn durch geschickte Linienziehung durch das magische Zentrum – der Gerberbrunnen und die Birsig – können auch die nördlichen und südlichen kleinen Mondwenden sowie eine Belchen-Hauptachse Petit Ballon-Schweizer Belchen von 144° Südost nachvollzogen werden. Wie ebenfalls schon besprochen, brauchen wir diese nur um 90° zu drehen, damit wir die Mittsommerlinie von 54° Nordost der Heiligen Hochzeit am 21. Juni erhalten. So ist es auch beim kosmischen Ei, durch welches eine Querlinie zur Belchenlinie genau ins magische Zentrum führt und eine Ausrichtung von 54° ausweist, also den Sonnenaufgang am 21. Juni wie in der Krypta des Münsters (siehe Skizze).

Zugleich kann das kosmische Ei mit seiner ovalen Form und der Wasserschlange auch als heiliger Schoss der Erd- und Mondgöttin angesehen werden, ein „Brunnen", ein Nabel der Welt oder ein Schicksalsrad, aus dem die Göttin alles

Leben schafft und wieder zu sich nimmt, ein ewiger, zyklischer Kreislauf von Schöpfung, Erhaltung, Wandlung und Wiedergeburt der Landschaft, der Tiere und der Menschen, nicht zuletzt auch des Kosmos, denn die landschaftsmythologischen Bezüge waren zur Unter- und Mittelwelt genauso vorhanden wie zum Himmel. Entsprechend ist dieses kosmische Ei von Basel sehr archaisch und bezeugt nochmals den Bereich des Münsterhügels als einen besonderen heiligen Hain wie in Strassburg, der wahrscheinlich bis in die Bronze- und Jungsteinzeit zurückreicht, der Zeit der matriarchalen Göttin-Kultur auch im Dreiland.

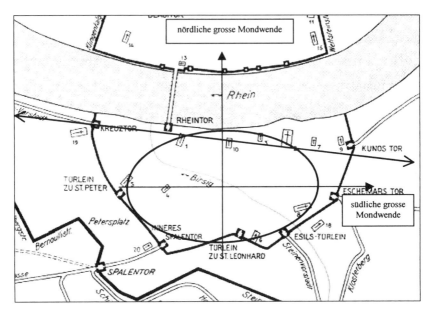

Das kosmische Ei von Basel mit den mondorientierten Hauptachsen und der Linie Petit Ballon-Schweizer Belchen (↔); hindurch fliesst die Birsig

In der Sage vom eierlegenden Vogel (Hahn) von Basel wird noch ein scheinbares Detail berichtet, nämlich dass dieser mehrere Eier geschaffen habe, die man in seinem Leib fand. Ich fragte mich also, ob nicht noch ein weiterer innerer Bauplan existiert, der einem Kreis- oder Ovalsystem entspricht. Im Vergleich mit der gallo-römischen Anlage von Augusta Raurika, die recht gut erhalten und ausgemessen wurde, fand ich die Lösung und ein noch grösseres kosmisches Ei. Die gallo-römische Stätte Augusta Raurika und das mittelalterliche Basel sind daher nicht nur landschaftsmythologisch miteinander verbundene Kultstätten, wie es die Sagen berichten, sondern auch astronomisch und architektonisch einander ähnlich, was eine Kontinuität der Antike bis ins Mittelalter bezeugt. Als der Basler Bischof Heinrich von Thun ab 1225 die erste Rheinbrücke über den Fluss bauen liess, gab er in Auftrag, das neue Gebiet jenseits des Rheines genau abzustecken und in den alten Kern der Stadt zu integrieren.[45] Eine Stadtgründung jedoch war mindestens seit der Antike immer auch eine heilige Handlung. Eindrückliche Überlieferung dazu ist die Sage von Romulus und Remulus, wonach ein heiliger Stadtgraben mit einem bespannten Pflug in einem Kreis gezogen wurde. Wer auch immer in Basel den inneren Bauplan für den alten Stadtkern und die Erweiterung über den Rhein tradiert hat, folgte einem vorgeschichtlichen und antiken Vorbild und nicht zuletzt dem Makrokosmos des Belchen-Blauen-Systems als Massstab im Dreiland.

Dieses grössere Kreissystem folgt wiederum den Sakralbauten bzw. den Stätten, worauf die mittelalterlichen Kirchen und Klöster gebaut sind. Dazu gehören etwa: das Predigerkloster am Totentanz (1233), das Kloster der Barfüsser (1231), das Steinenkloster (1230), das Kloster Klingental (1274), das Clarakloster (13. Jh.) und das Kartäuserkloster (1407) in der Nähe der Theodorskirche. Die Hauptachse dieses grösseren Kreises besteht aus einer der Hauptachsen im Belchen-System, nämlich die schon mittlerweile bekannte Linie Petit Ballon-Schweizer Belchen (Belchenfluh) mit ihrer Ausrichtung von 144° Südost. Die Querachse dazu besteht aus der ebenfalls schon bekannten Linie in Richtung Sonnenaufgang am 21. Juni (Mittsommer) mit der Ausrichtung von 54° Nordost und ist damit eine Parallele zur Ausrichtung der ersten Rheinbrücke mit dem Rheintor und des Basler Münsters.

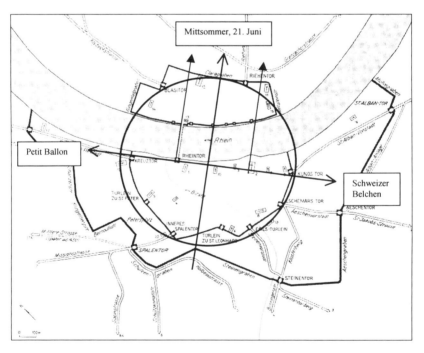

Skizze des grossen Kreises von Basel mit der Ausrichtung zur
Sommersonnenwende (21. Juni) und der Belchen-Längsachse

Nach gallo-römischem und antikem Vorbild, das etwa in Augusta Raurika architektonisch und in der Ausrichtung der Strassen verwirklicht ist, wurde auch im Basel des Mittelalters nach diesem Grundmuster gebaut. Dieses besteht, wie oben gezeigt, aus einem Kreissystem, dazu aber auch aus einem Fünfeck mit astronomischen Bezügen. Die Hauptachsen bilden dabei die Belchenlinie und die Quergerade durch die nach Mittsommer geortete Rheinbrücke. Diese Ausrichtungen bilden Schnittpunkte im Kreissystem, die durch Parallelen und Verbindungslinien ergänzt werden können, so dass schliesslich ein astronomisches Fünfeck entsteht. Mit diesem Fünfeck sind drei wichtige Linien bzw. Daten im Jahreskreis gegeben: einmal die Mittsommerlinie am 21. Juni (Sonnen-Solstitium) durch die Rheinbrücke, dann der Frühlings- und Herbstanfang genau im Osten und die Weihnachtslinie an Mittwinter (Sonnen-Solstitium) am 21. Dezember. Landschaftsmythologisch haben wir wiederum einen magischen Kreis oder ein kosmisches Ei mit einer grossen Wasserschlange, die durch den Rhein symbolisiert wird. Dazu auch einen Mittelpunkt und Nabel der Welt, ein Zentrum im erweiterten heiligen Hain von Basel. Fraglich ist, ob hier die Weisse Göttin im Mittelalter noch gegenwärtig war, denn im heiligen Grundmuster werden die Bischöfe und Architektonen ein Kreuz entdeckt haben, das wahrscheinlich christlich interpretiert wurde. Dennoch ist die Anlage eigentlich „heidnisch", wie ein Skizzenvergleich mit der Anlage von Augusta Raurika schön zeigt.

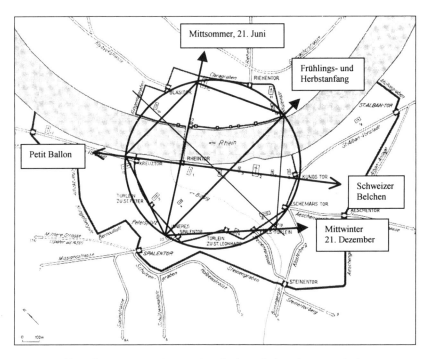

Skizze des grossen Kreises von Basel mit Fünfeck und astronomischen
Linien mit Daten im Jahreskreis; dazu die Belchen-Hauptachse (↔)

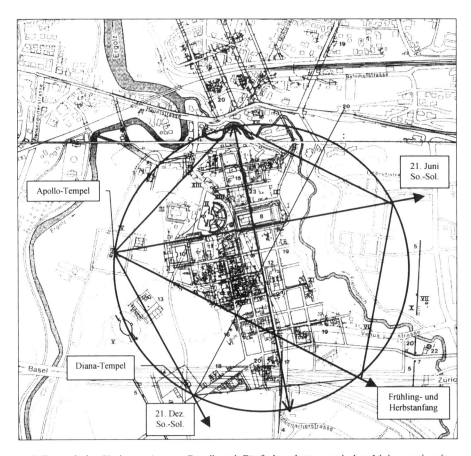

Gallo-römischer Kreis von Augusta Raurika mit Fünfeck und astronomischen Linien sowie mit einer Belchen-Parallele (↔) Petit Ballon-Schweizer Belchen von 144° Südost; dazu die Tempel der Diana und des Apollo (nach R. d'Aujourd'hui)

Abzuklären wäre, ob sogar inhaltliche, nebst den astronomischen und architektonischen Übereinstimmungen zwischen der Anlage von Augusta Raurika und dem grossen Kreissystem von Basel gegeben sind. So entspräche als Hypothese der Tempel des Apollo in Augst dem Ort in Basel, wo zuerst das Kloster der Barfüsser (1231-1251) war – etwa der Franziskaner mit dem Namensgeber Franziskus und seinem Sonnengesang? – und der Tempel der Diana in Basel dem Steinenkloster der Frauen (1230). Sicher ist jedenfalls, dass die Weihnachtslinie an Mittwinter in Augusta Raurika durch den Diana-Tempel (= die Weisse Göttin) zum Sonnentempel des Apollo führte, so wie sie im mittelalterlichen Basel vom Steinenkloster der Frauen zur Stätte der Barfüsser hindurchging. Jedoch finden wir noch andere „heidnische" Spuren im Basel des Mittelalters. Nicht ganz zufällig verewigen in der Krypta des Münsters verschiedene Decken- und Wandmalereien besonders drei heilige Frauen, nämlich Anna, Maria und Margaretha, die hier die

Weisse Göttin in der Dreifalt gleichsam im christlichen Gewand darstellen, so wie sie in Strassburg im heiligen Hain als drei Buchen gegenwärtig war. Doch dies später in einem grösseren Zusammenhang. Eine weitere vorchristliche Spur führt uns wiederum ins Münster, diesmal jedoch nicht in die Krypta, sondern direkt auf den Fussboden des Sakralbaues. Abgebildet ist dort im Kreuzpunkt der Querachse des Mittelschiffes und der Längsachse der Kirche, die im Sonnenaufgang nach dem 21. Juni und dem Sonnenuntergang nach dem 21. Dezember ausgerichtet ist, gerade vor dem Aufgang zum Chor, ein schöner Drache in einem Doppelkreis. Sein Haupt ist mit roter Farbe gezeichnet, während sein Körper in Schwarz erscheint. Möglich ist, dass hier der Basilisk im Brunnen bildlich festgehalten wurde. Es wäre aber auch denkbar, eine Verdeutlichung der Drachen-Schlange und des kosmischen Eies vor uns zu haben, so wie sie in der Landschaft beispielsweise von der Wasserschlange Rhein und dem grossen Kreissystem von Basel angelegt sind. Wie dem auch sei, ein christliches Symbol ist es jedenfalls nicht.

Drache im Münster auf dem Fussboden, um 1170?

Wir sind von der Frage ausgegangen, welche Bedeutung in Basel mindestens drei Kultsteine haben, und sind bei einem astronomischen Kreissystem und einem kosmischen Ei der Weissen Göttin angelangt. Dabei ist es wahrscheinlich, dass die einzelnen Steine für sich nochmals eine Bedeutung hatten, nämlich als Ahnensteine. Ist nun der heilige Hain von Basel und Strassburg ein zufälliger sakraler Platz? Oder lassen sich diese Stätten landschaftsmythologisch noch mehr abstützen? Ganz sicher kein Zufall ist die architektonische Komposition der Anlage von

Augusta Raurika, die dem mittelalterlichen Basel Vorbild war. Doch damit sind die Hinweise nicht erschöpft, denn mehrfach wird ein Steinkult oder eine astronomische Bauweise überliefert: „Das alte Zabern (Saverne) war von einer Mauer umgeben, die von Abstand zu Abstand von 52 Türmchen überragt war. Dazwischen waren 365 Schiessscharten angebracht, die zu je sieben zwischen zwei Türmchen lagen. Auf diese Art und Weise waren zwischen zwei Türmchen ebenso viele Schiessscharten wie Tage in der Woche, gerade soviel Türmchen wie Wochen im Jahr und gerade soviel Schiessscharten im ganzen wie Tage im Jahr. Diese Anordnung ergab den Ausspruch ‚Zabern ist nach dem Kalender gebaut'."[46]

Wie auch immer die Anlage von Zabern im Elsass war, bleibt doch der Grundgedanke einer astronomischen Bauweise einer Stadt bestehen. In Russbach in Baden wird eine Sage berichtet, die einen direkten Bezug zu einem Steinkreis von zwölf Steinen und dem Kirchenbau erlaubt, jedoch in verzerrter und moralisch-dämonisierter Art und Weise überliefert ist. Dennoch sind die Zusammenhänge der restlichen landschaftsmythologischen Spuren klar erkennbar, da offensichtlich der christliche Bau auf oder bei einem vorchristlichen Sakralbau von zwölf Steinen ruht: „Die Wendelinskapelle bei Russbach stand früher, noch weiter vom Dorf entfernt, auf dem Platz, wo jetzt ein Bildstock errichtet ist. Damals wollte der Satan sie zertrümmern, zu welchem Zwecke er, mit Hilfe der anderen Teufel, den grössten der zwölf Steine auf seine Achsel lud und damit durch das grosse Rappenloch auf den Berg über der Kapelle ging... Vor Wut biss er in den Stein, wobei seine Zähne, wie früher, als er ihn trug, seine Krallen und Schulterknochen, sich eindrückten. Noch jetzt liegt der Fels, welcher der ‚Teufelsstein' heisst, auf dem Platz."[47]

Die ältesten Schichten dieser Sage enthalten folgende Information: In der Nähe von Russbach existierte ein bronze- oder jungsteinzeitlicher Steinkreis mit einer Zwölferkomposition. Die Menschen, welche die sakrale Anlage schuffen, waren geschickt in der Handhabung der Steinblöcke. Während der Christianisierung wurden die Frauen und Männer, die dort ihre Ahnen verehrten und die jahreszeitlichen Rituale abhielten, zu „Hexen" und „Teufel" abgewertet und stigmatisiert. Der Klerus konnte jedoch nicht gänzlich verhindern, dass sich dort immer noch Leute versammelten. Er liess entweder den heiligen Hain mit den Sakralsteinen zerstören und brauchte die Steine für den Kirchenbau, und/oder baute als Konkurrenz eine Kapelle auf oder bei dem vorchristlichen Platz, um den geweihten Ort zu vereinnahmen bzw. die Leute in die Kirche zu bringen.

Abschliessend sei noch eine Elsässer Sage erwähnt, welche die Steinkreise in Zusammenhang der Weissen Göttin/Königin/Priesterin schildert, so wie es auch für Basel mit seinem heiligen Hain einmal gegolten hat: „Auf der südlichsten Spitze des Langenberges, der sich oberhalb der Dörfer Lützelhausen und Biche hinzieht, befindet sich ein sogenannter Druidenkreis [= vorkeltischer Steinkreis], eine jener Steinbegrenzungen, welche die den Göttern [= Ahnen] geweihten Orte umgaben. Er beträgt etwa hundert Schritte im Durchmesser; auf der einen Seite wird er durch Platten und abgeflachte Felsstücke, auf der anderen durch eine Steinmauer gebildet. Darin liegen unbehauene Felsstücke unter einander; einige von länglicher Form scheinen einst aufgerichtet gewesen zu sein. Die Umwohner nennen diesen Ort den Feengarten... Oberhalb des Feengartens ragt ein riesenmässiger, aus Felspfeilern von der Natur gebildeter Dreifuss empor, der vom Tal aus gesehen als ein einzeln dastehendes Tor oder als das Überbleibsel eines Triumphbogens erscheint. Vom Feengarten aus wollten die Feen mehrere Brücken über das Breuschtal hinbauen, allein ihre Macht habe aufgehört, bevor sie mit dem Werk fertig geworden... In dem Feengarten erscheint bisweilen nachts eine Schar weiss gekleideter Jungfrauen, Feen, welche einen Reigen tanzen. Manchmal kommt von dem entgegengesetzten Berg ein Wagen durch die Luft nach dem Feengarten gefahren. Alsobald verschwinden die Jungfrauen. Eine steige alsdann ins Tal herab und begebe sich in die Kirche von Haslach. Sobald sie ihr Gebet verrichtet hat, tritt sie ihren Weg zum Berg wieder an. Bei ihrem Anblick verschwindet der Wagen, welcher unterdessen den Ort im Kreis [!] umfahren hatte, und die weissen Jungfrauen erscheinen wieder auf dem Berg."[48]

Die Weisse Göttin in der Dreiheit

Im heiligen Hain von Strassburg bzw. Argentoratum (= Stadt der Weissen Göttin) mit seiner Quelle und mit seinem Sakralstein wurde die Erd- und Mondgöttin auch in drei heiligen Buchen verehrt. Diese weibliche Dreifaltigkeit ist ein sehr archaisches mythologisches Muster und zieht sich seit der matriarchalen Jungsteinzeit als roter Faden bis in die patriarchale Zeit hindurch. Dort erscheint die alte Dreifaltigkeit nun beispielsweise als drei Schwestern oder drei heilige Frauen, oft als die drei Bethen – Ambeth, Wilbeth und Borbeth – oder in vermännlichter Form als Vater, Sohn und hl. Geist. Doch nicht nur in christlicher Zeit wird die Göttin vermännlicht, sondern schon in keltischer.[49] Im Basler Münster an einer verzierten Säule im Chor entdeckt der aufmerksame Besucher einen fischschwänzigen Wassermann mit Bart und drei Gesichtern, der die Wassergöttin Belena des Rheines in männlicher Gestalt imitiert.

Dreigesicht im Basler Münster

Wie wir gesehen haben, besitzen wir eine schöne Sage von Basel und Augst mit einer unterirdischen „Fee", deren Körper oben weiblich und unten in Schlangengestalt erscheint. Die Sage bewahrt hier die älteren Spuren der Weissen Göttin Belena und ihrem Drachen-Tiersymbol, während die keltisch-christliche Schicht im Münster eine jüngere veränderte Neubildung darstellt, die im Kontext der Patriarchalisierung der dreifaltigen Göttin steht. Dennoch ist sie im Basler Münster nicht gänzlich verschwunden, wenn auch nun als „Mägde des Herrn". In der Krypta sind Szenen aus dem biblischen Leben von drei heiligen Frauen dargestellt, nämlich der Anna, Maria und der Margaretha. Besonders Anna ist hier schon im Namen eine getaufte Nachfolgerin der Weissen Göttin Bel-ena, An(n)a oder Dana aus vorindoeuropäischer Zeit. Das Münster im heiligen Hain am Ort der Heiligen Hochzeit der Göttin/Königin mit dem Heros/König bewahrt demnach einzelne Spuren dieses alten Rituals im Jahreskreis. Die dreifaltige Göttin erscheint in der Krypta und als vermännlichte Wasserfrau im Chor, was zusammen ihre archaische Gestalt als Frau und Drachin tradiert. Dasselbe Tiersymbol ist auf dem Fussboden vor dem Chor ersichtlich. Hier erscheint die Göttin nochmals, gleichzeitig auch der männliche Partner (Basilisk = kleiner König) in Gestalt ihres heiligen Symboltieres des Drachen. Dies sind die ältesten landschaftsmythologischen Schichten des Basler Münsters, und sie zeigen eindrücklich das matriarchale Grundmuster einer Göttin und ihres Heros am roten Platz der Heiligen Hochzeit.

Eine weitere Frauen-Dreiheit existiert auf den umliegenden Hügeln von Basel. Es sind dies die Orte St. Margarethen bei der Sternwarte, St. Ottilie auf dem Tüllinger Hügel und St. Chrischona. Interessanterweise besitzt die vorchristliche Margaretha wiederum den Drachen als ihr Tiersymbol. Ottilie oder Odilie dürfte schon vom Namen her die Weisse Göttin repräsentieren, der wahrscheinlich auf Leukothea (leuk- = weiss, thea = Göttin) zurückgeht, wie schon ihre Mutter, Bereswinda, die Weisse Bärin heisst. In der Legende der hl. Odilie besitzt diese vorchristliche Frauengestalt ein eigenartiges Bärenfell und einen heiligen Stein. Die Bärin dürfte also ihr Tiersymbol und Totem sein, wie der Stein auf einen alten Steinkult der Menhire, Schalensteine und Steinkreise im Rahmen einer vorchristlichen Ahnenverehrung verweist. In Andlau im Elsass wurde die Bärin der Göttin noch lange in der Kirche gehalten, und von diesen Totemtier holten sich die Frauen der Gegend ihre Kinder bzw. die Ahnenseelen. Odilie war vor allem für ihre seherische Begabung und ihre Künste bekannt, die auch Astronomie einschlossen. Zahlreiche Orte sind dieser Weissen Göttin im Elsass geweiht: „Am gleichen Tag (13. Dezember) wie der hl. Lucia [= die Weisse] gedenkt die Kirche der hl. Ottilia (Odilia), die ebenfalls bei Augenleiden angerufen wird. Diese trägt als Attribut zwei Augen auf einem Buch. Sie wird vor allem in Süddeutschland hoch verehrt. Ihre Heiligtümer finden sich meist an Quellen oder auf Bergen. Sie ist die Landespatronin des Elsass; denn sie gründete auf ihrem Schloss Hohenburg südwestlich von Strassburg das Kloster Odilienberg und stiftete, als dieses nicht mehr ausreichte, das Kloster Niedermünster mit der Martinskirche am Fuss des Odilienberges. Beiden Klöstern stand sie als Äbtissin vor bis zu ihrem Tod um 720. Der Odilienberg ist seither bis auf den heutigen Tag für die Elsässer ein beliebter Wallfahrtsort. Niemand geht an dem Odilienbrunnen vorbei, ohne sich die Augen zu netzen."[50]

Verschwiegen wird jedoch in dieser Heiligenlegende, dass das Urbild des Odilienbrunnens ein heiliger Schalenstein („Tränenstein" = Augenstein) mit Becken ist, der das magische „Auge" bzw. den heiligen Schoss der Göttin darstellt. Zwei Steine sollen sich noch in der Kirche auf dem Odilienberg befinden, einer hinter Gittern gut versteckt in einem Fussboden und einer unter einem Altar.[51] Schon allein dadurch sind diese Steine der Göttin Odilie eine der heiligsten vorchristlichen Gegenstände überhaupt, deren sich die Kirche bemächtigte. Nicht zuletzt symbolisieren die Augensteine auch den mittlerweile berühmten heiligen Gral, der mit einem Schalenstein gleichzusetzen ist und den Schoss/Kessel der Weissen Göttin und schliesslich sie selbst repräsentiert.

Verschwiegen wird auch die „heidnische" Tradition, die mit der Odilie im Volksglauben verbunden war und teilweise noch in den Sagen greifbar ist: „Oberhalb der Abtei St. Johann liegt auf einer hervorragenden Bergspitze, wo man eine der herrlichsten Aussichten auf die Gefilde des Elsasses hat, eine dem hl. Michael geweihte Wallfahrtskapelle. In einiger Entfernung davon befindet sich in der Felsplatte, auf welcher sie steht, eine kreisförmige Vertiefung von vierzehn Fuss im Durchmesser, mit einem bis zwei Fuss Tiefe... Der Volksglaube macht diese Stelle zu einem Versammlungsort der Hexen und nennt den Kreis die Hexenschule oder das Hexenloch. Die Hexenmeisterinnen und ihre Schülerinnen setzen sich im Kreise der Felsvertiefung herum; die strafbaren Hexen werden in die Höhle eingeschlossen. Von hier aus fliegen sie, Frau Jtta [= Odilie] an der Spitze, zu dem gegenüberliegenden Bastberg."[52] Die Tradition der vorchristlichen Priesterinnenschaft, meist neun oder zwölf an der Zahl, setzt sich bei Odilie sogar noch im Kloster fort, das für seine „Geheimlehren" berüchtigt war. Odilie selbst erscheint auf dem Tüllinger Hügel in ihrer Kirche nochmals in einer Frauendreiheit. Dort sind gemäss dem Kirchenführer „drei Frauen am Grab Christi" abgebildet. Auffallend und verräterisch sind die farbigen Gewänder der Frauen, die auf die heiligen Mondfarben der Weissen Göttin deuten: Kleidung in weisser, rötlichbrauner und blauer (= schwarzer) Farbe.[53]

Die dritte heilige Frau auf den umliegenden Hügeln von Basel heisst Chrischona, die von ihrem Namen her leider nicht viel verrät. Dennoch soll gemäss dem Archäologen Rudolf Moosbrugger-Leu auf dem Chrischona-Hügel der hl. Britzius als Vorgänger verehrt worden sein. Dieser Name jedoch ist wahrscheinlich eine vermännlichte Schreibweise der Weissen Göttin Brigit, so dass wir die ursprüngliche Frauengestalt, die hinter Chrischona steckt, rekonstruieren können. Brigit war zudem im Elsass eine bekannte Heilige: „Auffällig sind Parallelen [zur Odilie] im Leben der irischen Fürstentochter St. Brigida v. Kildare. Diese trank nur die Milch, die von einer weissen Kuh gemolken war, war übrigens auch nach einer Augenkrankheit zeitweilig halbblind und bewegte sich mit ihren Jungfrauen in ‚einer homerischen Lebenswelt'. Die Vita, verfasst nach 650, überliefere Züge aus der mutterrechtlich geprägten La-Tène-Kultur... Im Kloster Honau wurde seit der Gründung St. Brigida verehrt... Brigida, Bauernheilige im Niederelsass, zuständig für Milchwirtschaft, Gastlichkeit, Gesundheit..."[54] Brigit war wie die Odilie eine Gralsträgerin, denn sie besass ebenfalls einen heiligen Kelch (= Gral, Kessel, Schalenstein) mit drei Augen, d.h. Kelch und Augen symbolisieren ihren Lebensschoss und haben mit einer christlich interpretierten „Blindheit" nichts zu tun.

Von den drei heiligen Frauen Margaretha, Odilie und Chrischona-Brigit sind nun verschiedene Sagen überliefert, welche die landschaftsmythologischen Bezüge in der Region Basel verdeutlichen. Besonders vom Chrischona-Hügel und der Heiligen sind verschiedene Sagenfassungen tradiert:

(1) „Auf einem Ausläufer des Höhenzuges, Dinkelberg genannt, im Amtsbezirk Lörrach, aber zum Kanton Basel gehörig, 520 Meter hoch liegt eine alte Kirche, weithin bekannt unter dem Namen Crischona. Über die Entstehung und den Namen dieser Kirche berichtet die Sage: In der Gesellschaft der drei Jungfrauen Kunigundis, Mechtundis und Wibrandis, deren Ruhestätte sich in Eichsel befindet, war eine vierte mit Namen Crischona oder Christiana. Dieselbe starb, nachdem sie mit den drei vorgenannten zwischen den beiden Orten Wyhlen und Grenzach an das Land gestiegen war, am Ufer des Rheines und man nennt bis auf den heutigen Tag dort ein Feldstück, das etwas erhöht über seine Umgebung hervorragt, das Bett der Heiligen Christiana, weil dies die Stätte ihres Todes gewesen sei. Es entstand nun ein Streit zwischen den Bewohnern von Wyhlen und Grenzach, wem der Leichnam gehören solle, bis ein alter Mann, um dem Zwist ein Ende zu machen, den Rat gab, man möge die Leiche auf ein Fuhrwerk legen und davor zwei Rinder spannen, die noch nicht im Joch gegangen: wohin diese aus eigenem Antrieb gingen und wo sie stille ständen, da sollte die Ruhestätte der Hingeschiedenen sein. Die Tiere lenkten ihre Schritte aber nach keinem der beiden genannten Orte, sondern wanderten dem nahegelegenen Berg zu, welcher sich vor ihnen öffnete und so bis zur Spitze einen gangbaren Talweg bot, der jetzt noch Christianenweg heisst, wo dann der Leichnam bestattet und über dem Grab in der Folgezeit eine Kirche erbaut wurde, die bis heute den Namen der Jungfrau führt, Christiana oder Crischona."[55]

(2) „Elftausend Jungfrauen [und die hl. Ursula] waren von England nach Rom gepilgert. Auf der Heimreise wurden sie von den Hunnen, einem wilden Reitervolk aus Ungarn, überfallen. Eine einzige Pilgerin, die Jungfrau Chrischona, konnte entfliehen. Sie kam noch bis in die Nähe von Grenzach und starb dort vor Erschöpfung. Einige Männer fanden die Tote am Rheinufer und hoben sie auf ein Ochsengefährt. Ohne dass die Ochsen von Menschenhand gelenkt wurden, fanden sie durch den Willen Gottes den Weg auf den Berg hinauf. Im Walde wichen die Bäume und die Felsen von selber zurück, um dem Gefährt den Weg freizugeben. Auf dem Berge oben standen die Ochsen still, und die Männer, die ihnen gefolgt waren, deuteten dies als Zeichen Gottes, die Jungfrau Chrischona an dieser Stelle zu begraben. – Später, um das Jahr 1500, erzählte man die Legende etwas anders: Als die Jungfrauen von Rom zurückkehrten, erkrankten Kunigundis, Wibrandis, Mechtildis und Chrischona auf der Fahrt den Rhein hinunter. Sie verliessen das Schiff bei Wyhlen. Drei von ihnen, nämlich Kunigundis, Wibrandis und Mechtildis stiegen die Höhe des Dinkelberges hinan; sie starben unterwegs, und Menschen, die des Weges kamen, legten die toten Jungfrauen auf einen Ochsenwagen. Ohne von jemandem gelenkt zu werden, sollten die Ochsen das Gefährt mit den Toten an den von Gott bestimmten Ort bringen. Wie die Ochsen mit dem Leichengefährt auf eine gewaltige Eiche zukamen, öffnete sich diese, um die drei toten Jungfrauen aufzunehmen. Die vierte Jungfrau, Chrischona, war schon nahe dem Rhein gestorben. Landleute legten sie auf einen Karren. Zwei Kühe, die zum

erstenmal ins Joch gespannt waren, zogen das Gefährt den Berg hinauf, wobei Bäume und Felsen von selber zurückwichen. An dem Orte, wo heute die Kirche steht, legte man die Tote in einen Sarg und übergab sie der Erde."[56]

Wie auch immer die Traditionsstränge dieser Sage gewesen sind, kommt doch in den ältesten Erzählschichen klar zum Ausdruck, dass der Chrischona-Hügel schon in vorchristlicher Zeit ein Kulthügel war. Überliefert ist eine mythologische Frauengestalt – entweder einzeln oder in der Dreiheit – mit einem Kultwagen und heiligen Tieren (Kuh, Ochse) davor, dazu die Eiche als heiliger Baum. Interessant ist auch, dass die Frauen zur Schar der Elftausend Jungfrauen und der hl. Ursula gehörten. Der Name Ursula bedeutet die Bärin und ist eine Umschreibung für die Weisse Göttin und deren Priesterin, die elf(tausend) weiteren Frauen vorstand und die zusammen ein Zwölfer-Priesterinnenkonvent bildeten. Dieses kann auch aus neun Frauen bestehen. Betrachten wir nun die landschaftsmythologische Karte in und um Basel und berücksichtigen noch die drei Schwestern Einbetta, Vilbetta und Vorbetta im westlichen Wentzwiller, so ergibt sich folgendes Bild: In Basel selbst stossen wir auf dem Münsterhügel in der Krypta des Münsters auf drei heilige Frauen (Anna, Maria, Margaretha), die entweder identisch sind mit den Frauen auf den umliegenden Hügeln (St. Margarethen, St. Odilie und St. Chrischona), oder eine eigene Dreiheit bilden. Die drei Frauen am Grab in der Odilienkirche auf dem Tüllinger Hügel repräsentieren mit ihren heiligen Farben Weiss, Rot und Schwarz (Blau) einen Aspekt der Dreiheit Margaretha, Odilie und Chrischona und sind damit nur eine Verdoppelung. Weiter östlich finden wir auf dem Dinkelberg bei Adelhausen-Eichsel drei Jungfrauen (Wibrandis, Kunigundis und Mechtundis), denen heute noch zu ihren Ehren eine Prozession abgehalten wird. Ganz im Westen bei Wentzwiller ergänzen die drei Schwestern oder Jungfrauen das landschaftsmythologische Bild. Wir erhalten damit in der Region Basel mit seinen heiligen Stätten entweder zwölf oder neun sakrale Frauen, die eine Priesterinnenschaft des Wissens und der jahreszeitlichen Rituale bildeten und im Dienste der Weissen Göttin standen, wie sie selbst oftmals deren heiligen Namen und deren Symbole trugen.

In einer Sage der drei Frauen Margaretha, Odilie und Chrischona werden sogar ihre astronomischen Tätigkeiten auf den entsprechenden heiligen Hügeln beschrieben, obwohl die Legende eindeutig versucht, den vorchristlichen Frauen und Priesterinnen ein christliches Gewand umzuhängen und sie als Klausnerinnen darzustellen: „Ein Ritter auf der Burg Münchenstein hatte drei schöne Töchter mit Namen Chrischona, Odilie und Margarethe. Weil diese drei Ritter liebten, mit denen er in Fehde lebte, liess er die drei Töchter in Ketten legen, doch trösteten sie sich in ihrem unterirdischen Verlies durch schönen Gesang. Als er die drei Ritter in einem Hinterhalt ermordete, zerstörten deren Freunde die Burg vollständig; den drei Fräulein aber taten sie nichts zuleide. Diese beschlossen, Gott allein fortan ihr Leben zu weihen. Sie erbauten sich dort, wo das Wiesental in das Rheintal ausmündet, auf drei unbewohnten Berggipfeln drei Kirchlein mit Klausen, die immer eine starke Stunde voneinander entfernt waren. Hier lebten sie in grosser Heiligkeit und gaben sich zu den verschiedenen Tageszeiten mit ihren Glöcklein das Zeichen zum Gebete; auch winkten sie sich mit grossen weissen Tüchern, redeten miteinander durch lange Sprachrohre und sagten sich abends durch ausgestellte

Lichter gute Nacht. Sie liegen jede in ihrem Kirchlein begraben, von denen das eine jetzt noch St. Chrischona, das zweite St. Margarethen und das dritte samt dem dazugehörigen Dorf nach Odilias Namen Tüllingen heisst. In allen müssen zu ihrem Andenken grosse Sprachrohre gehalten werden. Manche sagen auch, die drei Fräulein seien Töchter eines heidnischen Königs gewesen."[57]

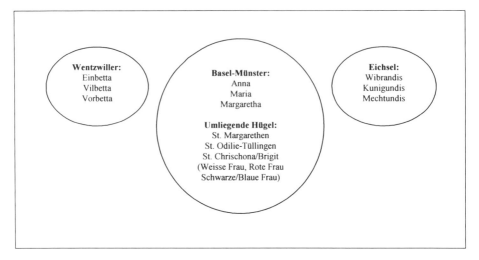

Heilige Frauen-Dreiheiten in der Region Basel (Mitte), im Westen (Wentzwiller) und im Osten (Dinkelberg-Eichsel) ergeben die Hauptzahl 12 oder 9 einer Priesterinnenschaft

In Wentzwiller werden die drei Jungfrauen oder Trois Vierges Einbetta, Vilbetta und Vorbetta noch verehrt und hochgehalten.[58] An einem der Sonntage im August feiert das Dorf das „Heilafascht" bzw. la Fête des Hiboux. „Heila" bedeutet im Elsass eine Eule, und das ist auch der Spitzname für die Einwohner des Ortes. Dazu schreibt eine der besten Kennerinnen der Volksfeste im Dreiland, Edith Schweizer-Völker: „Gefeiert wird hier aber nicht nur im Dorf, sondern auch in einer idyllischen Lichtung auf einer kleinen Anhöhe im Wald. Ein bekränzter Wagen führt die Gäste an diesen reizvollen Ort, der mit einer Legende verwoben ist. Hier befinden sich nämlich die Grabstätten der drei wundertätigen Jungfrauen Vilbetta, Vorbetta und Einbetta. Über die Herkunft der drei Frauen ist nichts Genaues bekannt; nach der Überlieferung sollen sie hier in der Einsamkeit fromm gelebt und den Leuten Gutes getan haben. Von Unbekannten sollen sie ermordet worden sein. Der von ihrem Blut gerötete Wallbach verriet den Bewohnern von Wentzwiller die Untat. Sie bestatteten die drei Frauen mit allen Ehren im Wald, und im Lauf der Zeit entwickelte sich am Ort eine Wallfahrt. Votivgaben und Bilder, die in alten Schriften beschrieben sind, zeugen von Hilfe bei Gehbehinderungen und Zahnschmerzen, aber auch Wöchnerinnen suchten hier Beistand. Im 19.

Jahrhundert wollte der Pfarrer von Wentzwiller mit der Legende aufräumen. Er liess die Gräber unter den Linden öffnen und fand zu seinem Erstaunen drei Skelette. Diese liess er auf den Friedhof überführen. Nach der Bestattung begann es sintflutartig zu regnen, und es soll erst aufgehört haben, als die drei Eremitinnen wieder an ihrem alten Platz im Wald lagen."[59]

Diese drei heiligen Frauen tragen alle einen mythologischen Namen, der mit beth oder bet(t) endet und jeweils mit Ein/An, Vil/Wil oder Vor/Bor beginnt. Davon abgeleitet sind „christliche" Bezeichnungen wie Bete-hus, das Haus oder die Stätte der Bethen, oder die Tätigkeit selbst, eben das Beten, d.h. das Anrufen der drei heiligen Frauen Ambeth, Wilbeth und Borbeth, wie sie auch genannt werden. Beth muss ein alter vorindoeuropäischer Name sein, denn er kommt auch im Orient vor, so zum Beispiel bei Bethlehem, und bedeutet in Wentzwiller Steinstätte/Haus der Göttin, so wie im orientalischen Bethel.

Göttin Hekate in Dreigestalt und mit Mondsichel

An oder Am geht auf die schon bekannte Göttin Ana oder Dana zurück und kann zum Beispiel „(Gross)-Mutter" bedeuten, was allgemein eine Anrede für die Weisse Göttin war, und die wir in der Krypta des Basler Münsters wieder als hl. Anna, die Grossmutter, vorfinden. Wil oder Vil bedeutet einerseits „Rad", andererseits ist es der Name der feenhaften und schönen Vilas. Der Wortstamm geht sehr wahrscheinlich auf ein Vil-/Vol- zurück, so beispielsweise in den Wörtern

Vulva oder Völva, die beide den heiligen Schoss der Erd- und Mondgöttin bezeichnen. Etwas einfacher ist das Wort Vor-/Bor- zu entschlüsseln, das allgemein leuchtend, glänzend und die Farbe Weiss bedeutet. Somit erhalten wir eine archaische Frauentriade mit drei Aspekten, wie es die matriarchale Mythologie oft tradiert, und noch in der Volksfrömmigkeit seine indirekte Überlieferung erhalten hat mit dem Spruch: Margaretha mit dem Wurm, Barbara mit dem Turm, Katharina mit dem Radl, das sind unsere drei heiligen Madl (= Jungfrauen). Margaretha mit dem Drachen steht hier für die vorchristliche Göttin Ana oder Dana in ihrem schwarzen Aspekt der Unterwelt. Barbara ist identisch mit der älteren Borbeth, sie ist die lichte Göttin des Himmels mit dem weissen Aspekt. Der rote Aspekt der Weissen Göttin entspricht dem mittleren Bereich der Erde, der symbolisch von der erotischen Wilbeth bzw. von der Katharina mit dem „Rad" repräsentiert wird.

Spuren der drei Bethen lassen sich vermutlich auch in den Ortsnamen der Region Basel nachweisen, so zum Beispiel im Namen Bettingen beim heiligen Hügel St. Chrischona, oder in Bottmingen südlich von Basel. Ein Dorf Bättwil liegt am Fuss des Hügels Landskron, wo es ebenfalls eine Sage von drei Schwestern gegeben hat, oder im elsässischen Bettlach direkt bei der Stätte des St. Brice bzw. der Göttin Brigit. Die Bethen in der Dreizahl enthält der Ortsname Bettendorf südlich von Altkirch. Jeder dieser Namen ist natürlich genau zu prüfen, doch müssen sie nicht unbedingt vom alemannischen Betto abstammen, sondern können durchaus auf die drei Bethen zurückgehen, zumal sie noch in gallo-römischer Zeit verehrt wurden als dreigestaltige Matres oder Matronae.

Orientalische Augengöttin in Dreigestalt

Interessant ist, dass das Fest der dreifaltigen Göttin in Wentzwiller mit der Eule in Zusammenhang gebracht wird. Handelt es sich hier um die Göttin in Vogelgestalt, die das kosmische Ei legte? Wird durch die Eule in Wentzwiller besonders der schwarze Aspekt der weisen Unterweltgöttin hervorgehoben? Oder sind die drei Bethen auch sogenannte Augengöttinnen (= Eulengöttinnen)[60], die seit der Jungsteinzeit häufig in den Megalithstätten abgebildet wurde, nicht zuletzt auch in Dreigestalt? Das „Auge" wäre dann auch ein Symbol des heiligen Schosses der Göttin, wie wir bei der Besprechung der hl. Odilie in Arlesheim noch sehen werden, denn dort erscheint die Weisse Göttin Leukothea tatsächlich mit drei heiligen Schoss-Augen.

Doch nicht nur in Wentzwiller besitzen die drei Bethen einen lebendigen Jahrestag. Auch in Eichsel auf dem Dinkelberg östlich von Basel werden drei heilige Frauen hoch verehrt. Im folgenden Kommentar sehen wir aber, wie die Mythologie der Weissen Göttin sagenmässig auseinandergerissen wurde und nur noch Erzählreste übrigbleiben, die dann kaum mehr geordnet werden können, wenn nicht kulturgeschichtliche Prozesse mitberücksichtigt sind. Wir müssen also auch hier zwischen den Zeilen lesen und das bisher Besprochene gegenwärtig in Erinnerung halten:

„Das Dorf Eichsel am Dinkelberg war schon zur Römerzeit besiedelt, und es ist anzunehmen, dass sich an der Stelle der heutigen Kirche bereits eine vorchristliche Kultstätte befand. Der Name Eichsel soll aus dem Begriff ‚Eiche des Heils' hervorgegangen sein. Am dritten Sonntag im Juli wird der Ort zum Mittelpunkt eines altüberlieferten Festes zu Ehren der heiligen Jungfrauen Wibrandis, Kunigundis und Mechtundis, deren Reliquienschreine dann in einer Prozession ums Dorf geführt werden. Nach der Legende waren die drei Jungfrauen Wibrandis, Kunigundis und Mechtundis Gefährtinnen der heiligen Ursula, deren Kopfreliquiar zum Basler Münsterschatz gehört. Sankt Ursula soll eine englische Königstochter gewesen sein, die vor ihrer Verheiratung im 5. Jahrhundert eine Wallfahrt nach Rom unternahm, begleitet von ihren legendären 11000 Hofdamen. Das ‚Elftausendjungferngässlein' am Basler Rheinsprung erinnert daran. Nach der Rückkehr von Rom verkaufte die fromme Pilgerinnenschar ihre Reit- und Lasttiere in Basel und erwarb sich Schiffe, um die Reise auf dem Rhein fortzusetzen, wie das damals üblich war. In Köln wurden die Frauen dann von den heidnischen Ungarn überfallen und erlitten den Märtyrertod. Nach der Überlieferung sollen jedoch einige von Ursulas Begleiterinnen in Basel zurückgeblieben sein. Das waren die drei Klausnerinnen Margarethe, Ottilie und Chrischona, die sich auf den Hügeln im Süden und Norden der Stadt ihre Einsiedeleien errichteten. Noch vor der Ankunft in Basel, nämlich in Augst, soll Kunigundis, Mechtundis und Christiana zusammen mit ihrer Dienerin Wibrandis die Reise wegen schwerer Erkrankung unterbrochen haben. Christiana starb bald darauf, während die übrigen Frauen das Rheinbett überquerten und zum Hof Roppersweiler am Dinkelberg kamen. Dem Ende nahe, erbaten sie als Christinnen die kirchlichen Sakramente und ein Begräbnis an jenem Ort, wo ein mit Kälbern bespannter Wagen ihre Leichname von selbst hinführen würde. Das geschah bei einer alten Eiche. Am Grab der Jungfrauen sollen sich im Lauf der Zeit unzählige Wunder zugetragen haben. Die älteste Nachricht über die Verehrung der drei Heiligen stammt aus dem Jahr 1192. Unter Papst Julius II. wurde 1504 ein Prozess zur Heiligsprechung angestrengt. Vierzig Zeugen sind damals einvernommen worden. Sie gaben zum Teil übereinstimmende Aussagen über den wundertätig entsprungenen ‚Mägdebrunnen' und ungewöhnliche Heilungen. Die Gräber der Heiligen wurden geöffnet und ihre sorgsam präparierten Reliquien am 16. Juni 1504 auf den Altar der Kirche erhoben. 5000 Menschen sollen zu dieser Feier auf den Dinkelberg gekommen sein. Trotz der Reformation Basels 1529 und der Markgrafschaft Baden 1556 und dem rigorosen Verbot durch Kaiser Joseph II. von 1783 lebte die Jungfrauenverehrung weiter. Die Wallfahrt versiegte zwar, dafür entstand 1862 der Brauch des ‚Eichsler Umgangs'. Die Verbindung der drei Heiligen mit dem Ursulinenzug wird heute angezweifelt. Man vermutet, dass das Wirken der drei Jungfrauen in die Karolingerzeit fällt und in Zusammenhang mit der Missionierung des Dinkelbergs steht. Die Dreizahl der heiligen Frauen an den verschiedenen Wallfahrtsorten deutet jedoch auf vorchristliche Kultstätten hin."[61]

In den verschiedenen Sagen zu den drei heiligen Frauen auf den Hügeln Chrischona, Odilie-Tüllingen und Margarethen finden wir bei genauer Betrachtung einen Hinweis auf ihre astronomischen Kenntnisse und Funktionen. Schon etwas dumpf, doch immer noch deutbar, sind Überlieferungen, dass die eine Frau zur anderen sehen könne und ein Licht hinausstelle.[62] Beobachten wir nun wiederum die landschaftsmythologischen Orte der drei Hügel, so erhalten wir drei grundlegende, geographisch-geometrische Fixpunkte, mit denen ein ovales Kreissystem gebildet werden kann. Die symbolische Anordnung ist dabei wieder sehr schön gegeben: Ein drittes kosmisches Ei der Weissen Göttin liegt zwischen der dreifaltigen Erd- und Mondgöttin, die in christlicher Zeit Margaretha, Chrischona und Odilie genannt wird. Zu diesem heiligen Schoss-Oval oder Nabel der Welt gesellt sich ein heiliges Schoss-Dreieck, das durch die Verbindung der drei umliegenden Hügel von Basel entsteht. Durch das kosmische Mond-Ei hindurch (oder darum herum) fliesst die grosse Wasserschlange oder der Drache, der Rhein als Symboltier der Weissen Göttin. In den heiligen Bezirk des Kreises fliessen sogar drei Schlangenflüsse, nämlich der Rhein, der sprachlich auf Belena/Berena (die Weisse Ana) zurückgeht, sowie die Birsig und die Birs, die das Wort bri-/breenthalten und ebenfalls „die Weisse" bedeuten. Somit strömt die Weisse Göttin dreimal als Drache/Schlange zum kosmischen Mond-Ei. Der männliche Partner der Göttin, der Basilisk und kleine Drachenkönig, erscheint in diesem kosmologischen System nur als Prinzip und als Symboltier der Göttin, denn der eigentliche Schöpfungsakt, der einem solchen landschaftsmythologischen System und mikrokosmischen Abbild zu Grunde liegt, ist eine Schöpfung aus sich selbst heraus, welche die Erd-, Mond- und kosmische Göttin der Nacht vollzieht.

Erstaunlich sind auch die astronomisch-geographischen Gegebenheiten des kosmischen Eies. So ergibt die Längsachse des Ovals, die durch den Hügelpunkt Margarethen hindurchgeht, eine Ausrichtung von 54° Nordost, was die Sommersonnenwende am 21. Juni und das Ritual der Heiligen Hochzeit anzeigt. Man vergleiche dazu den grösseren Kreis des erweiterten Basel im Mittelalter, der dieselben Achsen aufweist. Denn die Querachse zur Längsachse ist genau 144° Südost orientiert, die damit eine parallele Linie der schon bekannten Strecke Petit Ballon-Schweizer Belchen ist, wie es auch die Elsässerstrasse in ihrem geographisch-astronomischen Verlauf zeigt. Von Margarethen aus erhalten wir aber noch weitere Orientierungen. Die Strecke Margarethen-Odilie/Tüllingen ergibt eine Ausrichtung von etwa 36° Nordost. Dies ist keine Sonnen- oder Mondlinie, sondern eine wichtige „Hilfslinie".

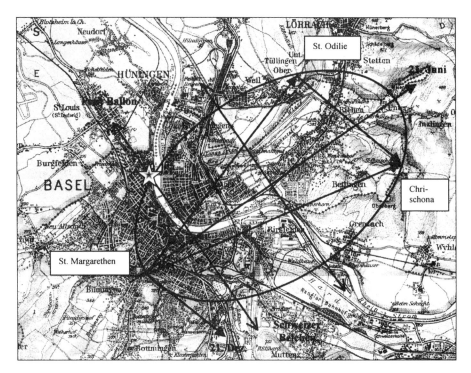

Skizze des dritten kosmischen Eies von Basel mit dem Dreieck Chrischona, Margarethen und Odilie; dazu die Achse Petit Ballon-Schweizer Belchen (↔) bzw. deren Parallele und der Siedlungsplatz Basel-Gasfabrik (☉)

Denn die um 90° gedrehte Querachse zu 36° beim Punkt Margarethen ergibt eine Ausrichtung von 126° Südost, was bedeutet, dass die Sonne am 21. Dezember (Weihnachten) beim Aufgang zum Platz der Margarethenkirche scheint. Rituell erhalten wir an diesem Ort die Wiedergeburt der Sonne durch die Göttin. Durch die Strecke Margarethen-Chrischona, die etwa 65° orientiert ist, sind vier Daten im Jahreskreis erkennbar. Einmal die Sonnenaufgänge Anfang Mai und Anfang August Richtung Ost-Nordost, sowie die Sonnenuntergänge Anfang November und Anfang Februar Richtung West-Südwest. Das sind vier „keltische" Jahresdaten im Rad des Lebens der Göttin Brigit, nämlich Brigit am 1. Februar, Beltaine/Walpurgis am 1. Mai, Lugnasad am 1. August und Samahin/Hallowen am 1. November. Überraschend ist auch die natürliche Linie Odilie/Tüllingen-Chrischona, die mit cirka 134° Südost beinahe genau die südliche grosse Mondwende bezeichnet.

Ein weiterer Ausgangspunkt ist die alte Siedlung Basel-Gasfabrik, bei der bronzezeitliche und keltische Spuren entdeckt worden sind, unter anderem das sogenannte Kugelgefäss mit seinem heiligen Ei und der Schlange. Von dort aus liegt der Margarethen-Hügel genau im Süden, während der Hügel Odilie-Tüllingen auf einer Mittsommerlinie liegt und die Strecke Basel/Gasfabrik-

Chrischona den Frühlings- und Herbstanfang bei 90° Ost anzeigt. Damit wäre ein zweites heiliges Schossdreieck der Weissen Göttin in diesem magischen Kreissystem gegeben.

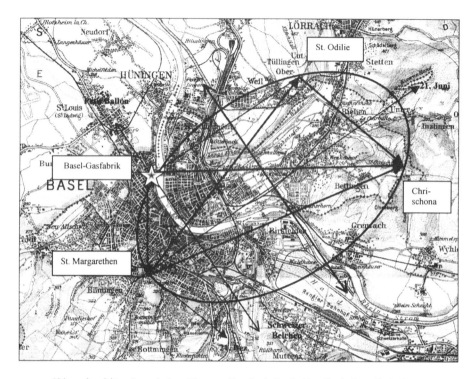

Skizze des dritten kosmischen Eies von Basel mit den beiden Dreiecken Chrischona, Margarethen, Odilie sowie Basel-Gasfabrik (☉), Margarethen, Chrischona

Verzierung auf dem Kugelgefäss von Basel-Gasfabrik, Schlangen- und kosmisches Ei-Motiv

Das kosmische Ei im Brauchtum

Zahlreiche Bräuche und magische Riten ranken sich um das Ei, ist es doch eine Urform und eine Repräsentantin der Weissen Göttin. Das Ei wird bemalt und verziert oder im Liebeszauber verwendet. In unserem Zusammenhang ist besonders ein Brauch von spezieller Bedeutung, denn bei ihm widerspiegeln sich rituelle Handlungen und jahreszeitliche Feste im Kalenderkreis. Gemeint ist das sogenannte Eierlesen, das glücklicherweise auch im Dreiland der Region Basel lange erhalten blieb. Dieser Brauch wird im Frühling abgehalten und ist eigentlich ein Kult- und Wettspiel. Dahinter steckt eine mythologische Begebenheit, die durch eine matriarchale Mythologie der Weissen Göttin verständlich wird. Wie wir gesehen haben, besitzt die dreifaltige Göttin verschiedentlich einen männlichen Partner/Heros oder König, der auf dem Thron der Königin/Priesterin in ihrem Namen Recht spricht. Diese Heros-Könige werden für eine bestimmte Zeit gewählt, oft durch die Göttin/Königin selbst, oder durch ein freiwilliges Wettkampfspiel ermittelt. Die männlichen Partner der Göttin wechseln also zeitlich einander ab, was durch ein Vorgänger-Nachfolger-Wettspiel ausgetragen wird. Rituell bedeutet dies für den neuen Jahreskönig seine Initiation im Frühling, um beispielsweise im Sommer mit der Göttin/Königin/Priesterin die Heilige Hochzeit, die Segnung von Mensch, Natur und Kosmos, zu feiern.

Für den Jahreskönig kann ein „Jahr" verschiedene Bedeutungen haben. So zum Beispiel ein Sonnenjahr von 12 Monaten oder ein Mondjahr mit 13 Monaten zu 27 Tagen und einer Ergänzungszeit von 11 Tagen. Häufig jedoch wurde die Amtszeit des Königs nach den Mondwenden astronomisch ausgerichtet, die eine Zeitspanne von neun Sonnenjahren ergeben. Dazwischen liegt nämlich ein harmonischer Rhythmus von etwa 100 Bewegungen von Vollmond zu Vollmond, sogenannte Lunationen, die mit acht Sonnenjahren zusammentreffen. Dies wird in der Mythologie Grosses Jahr genannt. Bezeichnet das Grosse Jahr von 100 Lunationen die volle Amtszeit des Königs, so sind 50 Lunationen oder vier Sonnenjahre die halbe Amtszeit des Heros, der auch als „Doppelregent" erscheinen kann.[63]

Diesen Sachverhalt widerspiegelt der Brauch des Eierlesens, das somit im Frühling die Initiationsprobe des männlichen Partners der Göttin und den Nachfolger im Amt des Königs spielerisch beschreibt. Auch die Symbolik ist noch klar ersichtlich. Das kosmische Mond-Ei der Weissen Göttin wird gelegt und muss im Wettspiel mit einem Mitbewerber aufgelesen werden, und zwar sind es 50 oder 100 Eier an der Zahl, was wiederum auf die Mond-Lunationen und die Amtszeit des Heros hindeutet. Besonders Nahe von Basel liegt nun die Ortschaft Muttenz, von wo uns persönliche Beschreibungen des Eierlesens erhalten sind: „Der Auftakt zum Eierleset beginnt in der Woche vor dem Weissen Sonntag mit dem Sammeln der Eier. Junge Turner ziehen von Haus zu Haus, um bei den Einwohnern Eier oder Geld zu erbitten. Viele Leute spenden auch gefärbte Ostereier, die am Eierleset an die teilnehmenden Kinder verschenkt werden... Am Weissen Sonntag, ungefähr um halb zwei Uhr, als sich am Rande des abgesperrten Laufgeländes zwischen Rössligasse und Hinterzweilenweg schon recht viele Zuschauer versammelt hatten, führte zuerst die Jugendriege des Turnvereins Muttenz Staffettenläufe durch. Punkt zwei Uhr marschierte die Muttenzer Musik, von der Kirche her kommend, auf dem Laufgelände ein, gefolgt von 2 Clowns, 6 Läufern, 3 Wannenträgern und 4 Turnern, die als Köche verkleidet waren. Kaum stand der Zug still, begannen ein paar ältere Turner drei Reihen mit je 100 Spreuhäuflein im Abstand von etwa 50 Zentimetern auf die Strasse zu schütten. Darauf legten die Köche sorgfältig die Eier, wobei jedes zehnte farbig war. Zum Start besammelten sich die Läufer vor den Wannen und marschierten gemessenen Schrittes, begleitet vom Oberturner, den Köchen sowie den Clowns, unter anfeuernden Klängen der Muttenzer Musik, zum unteren Ende des Parcours. Dort gab der Oberturner das Zeichen zum Start. Jede Mannschaft bestand aus zwei Läufern, wovon der eine mit dem Auflesen der Eier begann, während der andere zum Lauf um die St. Arbogastkirche startete. Diese Strecke um die Kirche mussten alle sechs Läufer insgesamt viermal zurücklegen. Die Aufleser hoben jeweilen zwei Eier miteinander auf, rannten nach vorne, um ein Ei aus etwa fünf Meter Entfernung in die mit Spreu gefüllte Wanne zu werfen und wiederholten den Lauf zum Einwerfen des zweiten Eies. So ersparten sie sich ein ständiges Bücken. Wenn aus Unachtsamkeit ein Ei beim Einwerfen zerbrach, wurde es nachgelegt, was für den Läufer einen zusätzlichen Lauf bedeutete. Nachdem die Streckenläufer ihren Lauf um die Kirche hinter sich gebracht hatten, lösten sie ihre Kameraden beim Eier-Auflesen ab. Die Zuschauer, welche von den beiden Clowns mit Schweinsblasen zurückgedrängt wurden, feuerten die Läufer immer wieder an. Die Mannschaft, die zuerst alle Eier aufgelesen und den vorgeschriebenen Lauf zurückgelegt hatte, wurde zum Siegerpaar erkoren... Der Eierleset ist als Dorfbrauch nicht nur in Muttenz, sondern auch in der übrigen Schweiz, vor allem aber im Baselbiet und im Aargau bekannt."[64]

Eine Urkunde berichtet, dass am Pfingstmontag des Jahres 1556 in Basel ein Eierlauf stattfand: „Am 25. Mai 1556 liefen zwei über 70 Jahre alte Zwerge, Klaus Goldenknopf und Kaspar Schwitzer, um die Wette. Ersterer hatte vom Petersplatz zur Schützenmatte zu laufen, während letzterer auf dem Petersplatz 50 Eier auflesen musste."[65] Die Müllerknechte veranstalteten alljährlich am Ostermontag auf dem Münsterplatz den Eierlauf, während die Maurergesellen die beiden Münstertürme bestiegen: „Am Vormittag des Ostermontags strömt die Bevölkerung zur frohen Belustigung auf den Münsterplatz. Diese wird einerseits von den Müllerknechten, andrerseits von den Maurergesellen dargeboten und findet mit einem beschwingten Tanzanlass einen vergnügten Abschluss. Die Müller stellen etwa sechs bis zwölf Wettkämpfer, die in blendend weissen Anzügen sich zum Start einfinden. Die einen markieren die Läufer, die andern die Eierleser. Jeder erhält einen im voraus bestimmten Partner zugeteilt, gegen den er um die Wette zu laufen beziehungsweise Eier aufzulesen hat. Bevor der Start freigegeben wird, werden entsprechend den teilnehmenden Paaren drei bis sechs Reihen Eier ausgelegt; jede Reihe zu 100 Eiern im Abstand von 40 bis 60 Zentimetern von Stück zu Stück. Während die Läufer nun im Höllentempo zum Mäuseturm bei der Festung Gross-Hüningen eilen und sich dort vom Wachsoldaten das ‚Retourbillet' zum Münsterplatz aushändigen lassen, machen sich die Eierleser an Ort und Stelle wieselflink an die Arbeit. Ihre Aufgabe besteht darin, alle Eier möglichst rasch aufzulesen und sie in den am Kopf jeder Eierbahn placierten, mit Wasser gefüllten Zuber zu sammeln. Zerbricht dabei auch nur ein einziges Ei, so ist die Wette bereits verloren. Sieger sind die schnelleren Läufer oder die beweglicheren Eierleser."[66] Ab 1789 wurde das Eierlesen in Basel auf den Sonntag nach Ostern verlegt, um dann nach 1880 ganz zu verschwinden.

Interessant ist eine Beschreibung aus der Westschweiz. Hier werden die mythologischen Hintergründe des Eierlesens und die Initiationsprobe der Heroen bzw. der Wettkampf der Freier um die Königin gleichsam historisiert. Geschildert werden geschichtliche Persönlichkeiten, die um eine Braut streiten, für die sich zwei Bewerber einstellen. Trotz der „modernen" Dreiecksgeschichte wirkt das mythologische Muster eines Nachfolger-Vorgänger-Kampfes spurenweise noch mit. Besonders möchte ich ergänzend auf die astronomische Zahl 120 (120 Eier = 120 Lunationen) hinweisen, die umgerechnet und mit einem Mondmonat multipliziert recht genau den Rhythmus von der grossen zur kleinen Mondwende angibt, nämlich 9,3 Sonnenjahre. Hier wurde also die Amtszeit des Königs astronomisch nach der Mondorientierung hin „nachkorrigiert" und mit den realen Zeitabläufen in Einklang gebracht:

„Eine junge, hübsche Bürgerstochter, welche in der Nähe von Lausanne diente, hatte ihre Hand einem Metzgerburschen versprochen. Der Sohn ihrer Herrschaft umwarb das junge Mädchen ebenfalls und liess nicht locker, bis es ihm seine Gunst schenkte und mit ihrem Verlobten brach. Dieser konnte diesen Verlust nicht verschmerzen und sann auf Rache an dem Patriziersohn. Er lauerte ihm eines Nachts im Parkschloss auf und als er mit seiner Aufforderung an den Verhassten, er solle die Hände von seiner Verlobten lassen, nur Hohn und Spott erntete, erstach er kurzerhand seinen Nebenbuhler. Der Metzgerbursche wurde verhaftet und nach kurzem Prozess zum Tode verurteilt. Damit waren jedoch die Metzgerburschen der Stadt Lausanne nicht einverstanden. Sie marschierten vor das Gerichtsgebäude und eine Abordnung von ihnen unterbreitete den Richtern folgenden Vorschlag: Das Gericht möge einen jungen Mann von den Freunden des Ermordeten bestimmen, der 120 rohe Eier, jedes eine Elle vom andern entfernt und in gerader Linie auf eine öffentliche Strasse gelegt, aufheben müsse, um sie dann in ein Leintuch zu werfen, das, 30 Ellen vom letzten Ei entfernt, von 2 Männern gehalten werde. Es dürfen jedoch nicht mehr als 10 Eier fehlgeworfen werden. Während dieses Vorganges habe der Verurteilte unter Begleitung von Bewaffneten eine vom Gericht zu bestimmende Strecke zu Fuss und ohne irgendwelche Begünstigung zu begehen. Der sonderbare Vorschlag wurde vom Gericht angenommen, das bestimmte, dass die vom Metzgerburschen zu begehende Strecke 3 Marschstunden betragen solle. Am andern Tag wurde der um Leben und Tod gehende Wettkampf ausgetragen. Der Verurteilte lief auf der ihm vorgeschriebenen Strecke um sein Leben, während sein Gegner alles daran setzte, um die 120 Eier so schnell wie möglich aufzulesen, damit der Verurteilte seiner Strafe nicht entgehe. Der Wettlauf endete mit dem Sieg des Metzgerburschen, der am Ziel eintraf bevor sein Gegner mit dem Auflesen der Eier fertig war. So rettete er seinen Kopf aus der Schlinge."[67]

Ab 1931 wurde das Eierlese-Spiel in Muttenz geändert. Interessant sind natürlich die Orte, wo ein solches Kultspiel abgehalten wird oder wohin der Läufer zu rennen hat. Erwähnt ist nachfolgend die Lachmatt und die Löligrube, die in der Nähe einer „Hexen"-Matte lag, wie wir noch sehen werden. Zudem könnte „Löli"-

Grube auf unseren Löll oder Lull hinweisen, den Sohn-Geliebten der Weissen Göttin, der in Basel als Lällenkönig erscheint: „Von nun an mussten sich beide Läufer einer Gruppe sowohl am Eierauflesen als auch am wesentlich verkürzten Langlauf beteiligen. Die Langlaufstrecke führte nun nur noch zum Restaurant Rennbahn, resp. zu der in der Nähe der Lachmatt gelegenen Löligrube. Während ein Läufer der Gruppe Eier auflas, lief sein Kamerad zum Restaurant Rennbahn. Bei seiner Rückkehr löste er seinen Kollegen beim Eierauflesen ab und dieser lief zur Löligrube hinaus. Die gleiche Aufgabe oblag auch der andern Mannschaft. Seit 1969 starten drei Gruppen, sofern sich sechs Läufer melden."[68]

Schnecken-Mann mit Eisymbol als Narrenfigur

Die Weisse Göttin von Augst

Augst und die ehemalige, gallo-römische Stätte von Augusta (R)aurika besitzen eine natürliche heilige Delta-Dreieck-Landschaft, die durch drei Flüsse gebildet wird. Von Osten her fliesst der Fielen- oder Violenbach in das landschaftliche Sakraldreieck, im Westen ist dies die Ergolz. Beide Flüsse vereinigen sich und fliessen dann als Ergolz etwa in Richtung Nordwesten zu in den Rhein. Die Präsenz der dreifaltigen Weissen Göttin ist an diesem Ort überdeutlich. Das Delta-Dreieck versinnbildlicht in wunderbarer Art und Weise den landschaftsmythologischen heiligen Schoss der Erd- und Mondgöttin in der Dreiheit. Doch welche drei Frauen und Göttinnen sind hier gemeint? Dazu helfen uns die Flussnamen weiter.

Der Name Ergolz geht auf ein erg-/arg- zurück, das weiss oder leuchtend bedeutet, so wie im alten Namen von Strassburg, der Argentoratum lautete. Damit symbolisiert die Ergolz landschaftsmythologisch den weissen Aspekt der matriarchalen Erd- und Mondgöttin-Triade, die in gallo-römischer Zeit Borbeth (bor- = weiss) und in christlicher Barbara genannt wurde. Der Fielen- oder Violenbach repräsentiert den roten Aspekt, denn dahinter steht die Wil-beth mit ihrem heiligen Schoss (Vul-va), die im Volkskatholizismus zur Katharina mit dem Rad wurde. Die dritte ist die alte Weise von Tod und Wiedergeburt, der schwarze Göttin-Aspekt, der durch den Rhein bzw. die An(n)a repräsentiert ist. Gleichzeitig ist die Gross-Mutter Ana oder Dana in der Bezeichnung Bel-ena (> Berena > Rena > Rhenus) der Sammelbegriff aller drei Aspekte als Weisse Göttin. Noch in alemannischer Zeit muss dies eine Bedeutung gehabt haben, denn bei der Mündung der Ergolz in den Rhein existierte eine bzw. drei Inseln mit dem Namen Gwerd. Allgemein bedeutet (G)Werd zunächst Insel oder Eiland. Gleichzeitig war Werd die Bezeichnung einer dreifaltigen Schicksalsgöttin in der nordeuropäischen Mythologie: Weird, Wyrd oder Wurd, was allgemein „Erde" bedeutet. Sie war Schicksalsgöttin und repräsentierte den schwarzen Greisinaspekt der Göttin-Dreifalt, jedoch konnte sie auch für die gesamte Triade der Schicksalsfrauen stehen. Im Englischen bedeutet „weird" heute „unheimlich, geisterhaft", während in Schottland damit ein unabänderliches Schicksal bezeichnet wird.[69]

Doch betrachten wir nochmals das heilige Schossdreieck, das durch die Ergolz und den Fielenbach gebildet wird. Die gleichschenkligen Seiten und die Mittellinie führen in ihrer Verlängerung zu den ehemaligen drei Inseln im Rhein mit der Hauptinsel Gwerd bzw. der Göttin Wurd. Die Grundlinie des Dreiecks, die gleichzeitig eine Querachse zur Mittellinie ist, richtet sich parallel zu den Strassen von Augusta Raurika. Diese Strassen wiederum haben gemäss Rolf d'Aujourd'hui eine Ausrichtung zum Sonnenaufgang am 21. Juni, also an Mittsommer mit dem Ritual der Heiligen Hochzeit. Demzufolge richtet sich die dazugehörige Mittellinie mit 144° Südost nicht nur gegen eine Werd-Insel, sondern ist auch eine parallele Linie der uns bekannten Strecke Petit Ballon-Schweizer Belchen. Und danach ist auch das Strassennetz der gallo-römischen Stätte zwischen den beiden Flüssen gerichtet. Die Belchen-Linie ist also auch hier – sogar noch in der verschobenen Parallele – eine massgebende Orientierung, wie wir dies im Basel des Mittelalters ebenso feststellen konnten.[70]

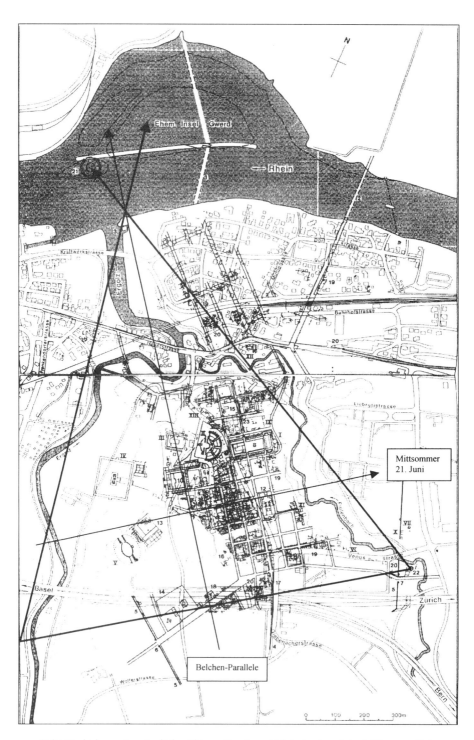

Delta-Dreieck von Augst mit den Flüssen Ergolz und Fielenbach und der Mittsommerlinie

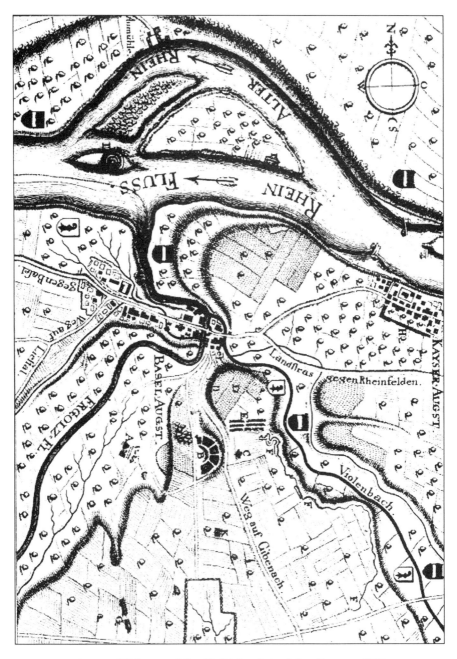

Augst und Kaiseraugst Mitte 18. Jahrhundert auf einer Karte von 1763
Nach Em. Büchel in D. Bruckners „Merkwürdigkeiten der Landschaft Basel"

Der innere Bauplan der erweiterten Stadt Basel im Mittelalter zeigt ein ähnliches Kreissystem und ein Fünfeck wie dies im Vergleich die antike Stätte Augusta Raurika aufweist. Wie auch immer diese mindestens gallo-römische Bauweise und Komposition tradiert worden ist, sie orientiert sich mit einer Hauptachse nach dem makroskopischen Belchensystem und erhält idealerweise in der Querachse dazu gerade eine astronomisch-geographische Linie, die den Sonnenaufgang am 21. Juni anzeigt. Mit dem Fünfeck oder Trapez im Kreis schufen die Baumeister/innen eine praktische Orientierung in Raum und Zeit und eine jahreszeitlich-kalendarische Uhr.[71]

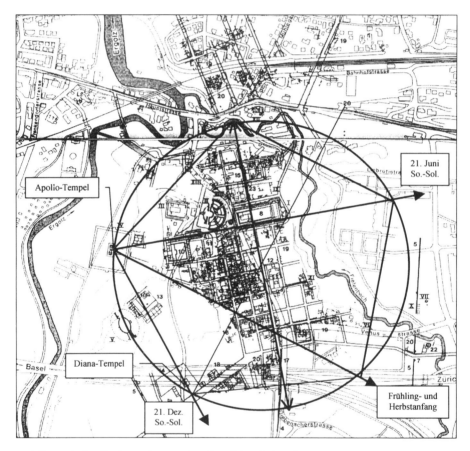

Gallo-römischer Kreis von Augusta Raurika mit Fünfeck und astronomischen Linien sowie mit einer Belchen-Parallele (↔) Petit Ballon-Schweizer Belchen (nach R. d'Aujourd'hui)

Mit diesem ausgelegten Zifferblatt und den Beobachtungslinien als dessen Zeiger sind beispielsweise die Sonnenaufgänge am 21. Juni, am 21. Dezember, am 21. März und am 23. September festzustellen. Damit sind aber auch die jahreszeitlichen Rituale einer matriarchalen Mythologie ablesbar: Im Frühling die Initiation, im Sommer die Heilige Hochzeit, im Herbst die Wandlung und im Winter die Wiedergeburt. Solche Beobachtungen und Daten gehen daher viel weiter zurück als in die gallo-römische oder nur mittelalterliche Zeit. Sie können mindestens in die Bronze- und Jungsteinzeit zurückdatiert werden, in eine Zeit, in der die Grundlagen eines solchen Kalenders geschaffen bzw. erkannt wurden, denn fast jede Megalithanlage, die als ein Landschaftstempel in einem Landschaftssystem aufzufassen ist, zeigt eine Orientierung nach dem Jahreskreis.

Sehr schön decken sich hier die landschaftsmythologischen Überlieferungen, die von einer Verbindung zwischen Augst und Basel berichten. Dies ist der Fall in der Sage vom Lieni in Basel, der in der Unterwelt die Göttin in Schlangengestalt in Augst trifft. Ebenso ist dies in den astronomischen Bezügen erkennbar, denn von der Stätte Basel-Gasfabrik führt eine messbare Linie nach Augusta Raurika. Und schliesslich ist ein Zusammenhang nun auch in der Bauweise und inneren Konstruktion von Basel und Augusta Raurika nachweisbar.

Aus diesem Gesichtspunkt heraus müssen wir uns nun fragen, ob es in der gallo-römischen Stätte Augusta (R)aurika nicht auch noch eine ältere Spur eines magischen Kreises oder eines kosmischen Eies der Weissen Göttin gibt. Nach all den landschaftsmythologischen Spuren der Frauen-Dreiheit der Flüsse und Inseln, dem Bezug zum Belchensystem der Weissen Göttin, der Sage von der Schlangengöttin und dem sichtbaren Delta-Dreieck ist dies mehr als wahrscheinlich. Auf die Spur verhilft uns wiederum die genaue Beobachtung der Lage und Plätze verschiedener Sakralbauten. Hier in Augst sind es nicht die mittelalterlichen Kirchen und deren Orte, sondern die gallo-römischen Bauten, die besonders auffallen. Ein inneres System ist nicht nur mit dem Kreis und dem Fünfeck gegeben, denn die architektonische Anlage zwischen den Flussläufen bildet nochmals einen magischen Kreis, der mindestens aus folgenden Plätzen besteht:

1) Das Heiligtum Grienmatt besitzt einen Apollotempel, wobei der Flurname „Grien-matt" auf die Sonne hinweisen dürfte. Hier wurde der keltische Gott Belenus-Grannus verehrt, der in römischer Zeit zum Belenus Apollo wurde. Andererseits war diese Stätte in vorkeltischer Zeit ebensogut ein geweihter Platz der Göttin Grian, deren Name leuchtend, glänzend und sonnenhaft-weiss bedeutet. Diese Göttin soll die Zwillingsschwester der Aine gewesen sein, deren Name an die Göttin Anu oder Ana erinnert, den wir bei Augst im Namen Rhein (< Bel-ena) wiederfinden. Sie wird als „sonnenhaft-weiss" überliefert. Grian-Aine ist somit niemand anderes als die Weisse Göttin mit ihrem Sohn-Geliebten Beli, der während der keltisch-römischen Patriarchalisierung zum Gott Belenus und Apollo aufsteigt. Beide tragen den Namen ihrer Göttin Belena-Grian, als sie noch nicht Götter, sondern die männlichen Partner und Heroen der Weissen Göttin waren, bevor diese verdrängt wurde.

2) Das Heiligtum der Diana befand sich auf der Anlage mit dem Flurnamen „Sichelen". Di-Ana ist eine Schreibweise für die Weisse Göttin Ana. Die Sichel war ihr Symbol-Attribut mit der Bedeutung des (Halb-)Mondes. Vom Diana-Tempel aus führt am 21. Dezember, dem Ritual der Wiedergeburt, eine Sonnenaufgangslinie zum Apollotempel bzw. zur Stätte der Göttin Belena mit ihrem sterbenden und wiederkehrenden Sohn-Geliebten und Vegetationsheros Beli.

3) Das Amphitheater verbindet in einem Bogen den Diana- und den Apollotempel. Zum magischen Kreis gehören zudem 4) Tempelanlagen auf dem Schönbühl, 5) Theater, 6) Hauptforum mit Forumtempel und 7) Stätte der Zentralthermen. Zudem umschliesst das kosmische Ei verschiedene weitere Sakralstätten.

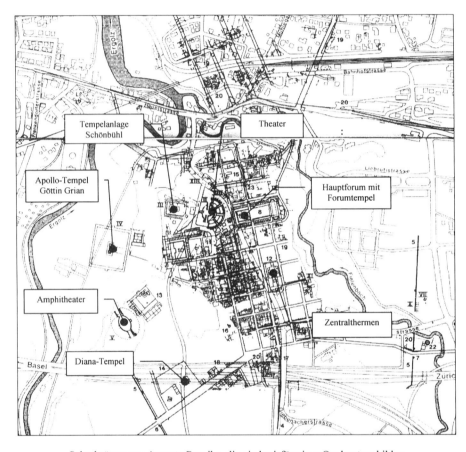

Sakralstätten von Augusta Raurika, die ein kreisförmiges Ovalsystem bilden

Bilden wir nun das kosmische Ei der Weissen Göttin mit diesen Orten innerhalb des heiligen Schossdreieckes, so ergibt sich ein Oval mit einer Querachse, die etwa in Richtung 36° Nordost ausgerichtet ist. Dies ist keine direkte Sonnen- oder Mondlinie, jedoch eine Art „Hilfslinie". Denn bilden wir zu dieser Querachse die um 90° gedrehte Längsachse, erhalten wir eine Ausrichtung von 126° Südost und damit die Sonnenaufgangslinie am 21. Dezember an Mittwinter mit dem heiligen Ritual der Wiedergeburt des Sohn-Geliebten der Weissen Göttin. Die Mittsommerlinie am 21. Juni und damit die Ritualzeit der Heiligen Hochzeit der Göttin mit ihrem Heros erhalten wir allein schon durch die Tatsache, dass das Strassennetz nach dieser Sonnenlinie ausgerichtet ist. Beide Linien verlaufen praktisch parallel zu den Mittsommer- und Mittwinterlinien im grösseren gallo-römischen Kreis mit dem Fünfeck.

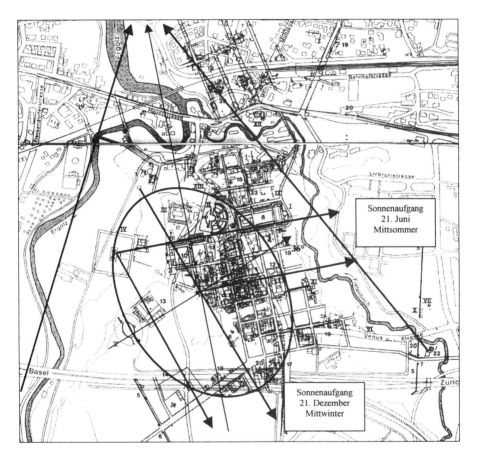

Skizze des kosmischen Eies im Delta-Schossdreieck von Augusta Raurika
mit den Sonnenaufgangslinien an Mittsommer und Mittwinter

Diese Schossanlage eines kosmischen Eies, einem Nabel der Welt oder einem magischen „Auge" (Vulva) in einem heiligen Dreieck zeigt die vorrömische und sogar vorkeltische Struktur einer Sakralstätte an, die ihre Wurzeln in alteuropäisch-megalithischen Plätzen hat. Die entsprechende Kultur war vorindoeuropäisch mit einer matriarchalen Mythologie und Göttin-Kultur, sowie mit einer daraus resultierenden Gesellschaftsform. Da die keltischen Eroberer mit der bronzezeitlichen Kultur langsam zusammenschmolzen, übernahmen sie auch deren Sakralstätten und deren heilige Anordnung, die durchaus einfach einer natürlichen Lage entsprechen konnte. Derselbe Prozess wiederholt sich mit der Romanisierung, was am Beispiel von Augusta Raurika schichtenweise und landschaftsmythologisch gezeigt werden kann.

Als weiteres Beispiel einer Sakralstätte bietet sich im Vergleich das Bassin von Bibracte an. Auf dem Mont Beuvray westlich von Autun im Burgund lag die Befestigung (Oppidum) Bibracte, der Hauptort der „keltischen" Häduer. Dort fanden Archäologen 1987 ein mitten in eine Hauptstrasse eingelassenes Bassin aus frührömischer Zeit. Das Mauerwerk mit den Abdichtungen und eine Wasserzuleitung bestätigten die Interpretation eines Wasserbeckens.

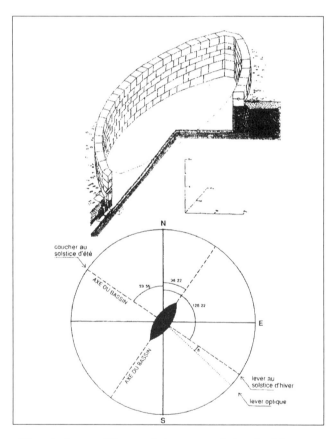

Wasserbecken von Bibracte mit den astronomischen Ausrichtungen
(nach Goudineau und Peyre)

Dazu kommt eine erstaunliche astronomische Ausrichtung: Die Längsachse des ovalen Beckens zeigt eine geographisch-astronomische Linie von 36° Nordost, was beim kosmischen Ei von Augusta Raurika der Querachse entspricht. Die Querachse des Beckens von Bibracte ist nun eine um 90° gedrehte Linie, die eine Ausrichtung von 126° Südost aufweist, also wie in Augst die Längsachse auf den Sonnenaufgang an Mittwinter und das Ritual der Wiedergeburt hindeutet. Eindeutig scheint mir der symbolische Gehalt des „Beckens" mit dem jahreszeitlichen Datum der Wiedergeburt zu sein. Das „Auge" oder das Oval entspricht dem heiligen Schoss der Weissen Göttin, der in Bibracte in einer Art Fisch- oder Schiffsform nachgebildet ist. All diese Formen gehen auf das Rad des Lebens oder das Rad der Göttin zurück, deren heiliger Erdschoss mindestens seit der Jungsteinzeit immer wieder in den Grab- und Kultstätten als heiliger Innenraum erscheint. Die mythologische Schöpfung der Göttin und die Geburt aus dem Wasser sind in Bibracte mit dem Schoss-Becken sehr schön dargestellt.

Wie so oft verschwindet die Weisse Göttin nicht einfach, sondern lebt beispielsweise in den mündlichen und schriftlichen Überlieferungen oder im Brauchtum weiter. Letzter Rest einer Region sind nebst den Riten die Sagen und Legenden, die zwar moralisch und dämonisch gefärbt sind, doch in den ältesten Schichten wertvolle Informationen enthalten, wenn wir zwischen den Zeilen zu lesen verstehen: „Schon mancher, der bei Mondschein vom Flecken Sissach nach dem Dorfe Thürnen gegangen ist, hat einen seltsamen Reiter gesehen. Eine Jungfrau, weiss gekleidet, mit fliegenden Haaren, reitet auf einem Ziegenbock daher, dem Dorfe Thürnen zu, und von da an eine Strecke weiter, den Bach hinauf. Wenn sie an einer gewissen Stelle angekommen ist, kehrt sie auf einmal rasch um, dem verfallenen Schlosse Bischofsstein zu, und von dort wieder abwärts, der Ergolz entlang. Diesen Ritt soll die Jungfrau seit Jahrhunderten gar oft und viel machen, und Niemand weiss warum."[72]

Leider fehlen uns oft in den Sagen noch weitere Hinweise, um sich ein landschaftsmythologisches Bild machen zu können. Je nach Quellenlage ist daher eine Interpretation schlüssiger oder nicht. Das Motiv der reitenden Jungfrau auf einem Ziegenbock ist jedoch mythologisch verstehbar: Die Weisse Göttin/Königin aus alter Zeit „reitet" auf ihrem männlichen Bock, der den Heros und König darstellt. Gefeiert wird wahrscheinlich an Mittsommer die Heilige Hochzeit der Belena und des Sohn-Geliebten Beli, der wie so oft in Tiergestalt erscheint. Und genau diese Mittsommerlinie ist in Augusta Raurika verschiedentlich nachgebaut. Vielfach hütet die Weisse Göttin einen goldenen Schatz, den sie einem Mann anbietet. Dahinter steht wieder das Ritual der Heiligen Hochzeit, und das Schatzheben bedeutet, dass die Schätze der Erde bzw. ihre Fruchtbarkeit „gehoben" werden müssen. Die Göttin und ihr Heros segnen damit den Kosmos und sind im Einklang mit den jahreszeitlichen Abläufen. Geblieben ist davon in der folgenden Sage nur noch der Schatz und eine weisse Frau: „Einmal hat der Arisdorfer Bote in einem Feld bei Augst im Vorbeigehen eine silberne Kette schimmern sehen und sie nachher in Basel um hohes Geld verkauft. Auf der andern Seite des Baches diente im Landgute Spitzmatt jüngst noch der sogenannte Talweber Marti. Wirklich sah er einst mit eigenen Augen jene oft besprochene weisse Jungfer, die dort Kisten Goldes hütet. Sie winkte ihm im Vorübergehen und wusch sich dabei im nahen Ergolzbache die Hände wund, bis Blut heraus quoll; als er jedoch unerschrocken an sie herantrat, spie sie Feuer und Flammen. Aber auch der verstorbene Ratsherr von Giebenach konnte sie fast jedesmal erblicken, wenn er früh am Morgen nach Basel in den Grossen Rat fuhr."[73]

Zu diesen Sagen gehört auch diejenige vom Lieni und der Schlangenfrau in Augst, die hier im zusammenhängenden Verständnis nochmals kurz aufgeführt ist. Dazu gesellt sich eine interessante Entdeckung an den Säulen des Basler Münsterchors. Von Bedeutung ist hier diejenige Säule, die meistens kaum beleuchtet zwischen Chor und Eingang zur Anna-Krypta steht. Am oberen Ende sehen wir eine Frau mit einem nackten Oberkörper und einem Fischschwanz, wie sie ein Kind mit einem Fisch-Schwein in der Hand an ihrer Brust säugt. Die Wasserfrau oder Wassergöttin entspricht unserer Schlangenfrau in der Sage vom Lieni, der als ihr Sohn-Geliebter Lull und Lällenkönig erscheint, wobei Lull(en) den säugenden kleinen Heros bezeichnet. Damit hätten wir auch eine bildliche Darstellung der Weissen Göttin von Basel und Augst: „Denn er erzählt, er habe ein geweihtes Wachslicht genommen und angezündet und sei mit diesem in die Höhle eingegangen. Da hätte er erstlich durch eine eiserne Pforte und danach aus einem Gewölbe in das andere, endlich auch durch etliche gar schöne und lustige grüne Gärten gehen müssen. In der Mitte aber stünde ein herrlich und wohlgebautes Schloss oder Fürstenhaus, darin wäre eine gar schöne Jungfrau mit menschlichem Leibe bis zum Nabel, die trüge auf ihrem Haupt eine Krone von Gold, und ihre Haare hätte sie zu Felde geschlagen; unten vom Nabel an wäre sie aber eine greuliche Schlange. Von derselben Jungfrau wäre er bei der Hand zu einem eisernen Kasten geführt worden, auf welchem zwei schwarze bellende Hunde gelegen, also dass sich niemand dem Kasten nähern dürfen, sie aber hätte ihm die Hunde gestillt und im Zaum gehalten und er ohne alle Hinderung hinzugehen können. Darnach hätte sie einen Bund Schlüssel, den sie am Hals getragen, abgenommen, den Kasten aufgeschlossen, silberne und andere Münzen herausgeholt."[74]

Wassergöttin an einer Säule im Basler Münsterchor

Eine der bestbekannten Sakralstätten in der Region Muttenz, Pratteln und Augst war die sogenannte Pratteler Hexenmatte. Noch bis ins 17. Jahrhundert hinein besuchten Leute, besonders Frauen, von weit her diese Stätte, um Feiern und Rituale abzuhalten, was aus den Berichten, die unter der christlichen Folter erpresst wurden, hervorgeht. In den Prozessakten erscheinen interessanterweise Namen wie Odilia oder Chrischona. Genauso erkenntnisreich für unsere Zusammenhänge ist zudem die Tatsache, dass die Hexenmatte – man beachte die weibliche Schreibweise „Hexen" (Priesterinnen) – eine bestimmte Anordnung aufwies. Nicht verwunderlich ist es aus dem bisherigen Zusammenhang, bei der Pratteler Hexenmatte, die etwa nur drei Kilometer von Augusta Raurika entfernt liegt, ein Kreissystem mit einem Baum in der Mitte vorzufinden, wie es ältere Beschreibungen mitteilen: „Zum Jahre 1577 wird berichtet, dass um den ‚dürren Baum und ein Ring darumb' bei Pfeiffen- und Trommelklang in roten und blauen Kleidern getanzt wurde, eine letzte Spur der ausgelassenen Freude der heidnischen Opferfeste mit ihrem festlichen Reigentanz."[75]

Ebenso wird die Pratteler Hexenmatte in der Sagenwelt tradiert, hier ausdrücklich nochmals mit „weiten Kreisen": „Unfern Pratteln ist eine Wiese, die Hexenwiese genannt. Auf dieser Wiese kamen vor Zeiten die Hexen von weit und breit zusammen, selbst vom Schwarzwald und aus dem Französischen. Von den Tänzen, die sie hier abgehalten haben, zeigte man noch am Ende des siebzehnten Jahrhunderts die Spuren. Es waren grosse weite Kreise verdorrten Grases, das unter den Tritten der Hexen versengt und verbrannt ist. Der Teufel, der an diesen Festlichkeiten ebenfalls teilnahm, kam gewöhnlich in einer schwarzen Kutsche angefahren. Von dieser Kutsche heisst es, dass sie sich jetzt noch zeigt, aber leer, und sie sei dann der Vorbote eines baldigen Todesfalls, höre man aber nur ihr Gerassel, so bedeute es schlechtes Wetter."[76]

Feldlabyrinth („weite Kreise") aus dem 17. Jahrhundert

Wiederum müssen wir die ältesten Schichten dieser Sage erkennen: Geschildert werden mehrere „Hexen", d.h. Frauen der Göttin, die im weitesten Sinn als Priesterinnen aufzufassen sind. Dazu gesellt sich ein „Teufel", d.h. ein männlicher Partner der Göttin, der in das heilige Ritual der Frauen integriert ist. Beide Seiten, sowohl die Frauen als auch der Mann, werden völlig verzerrt und dämonisiert dargestellt und sind dementsprechend als Schreckgestalten für das missionierte Volk stigmatisiert. Dennoch versammelten sich immer noch vor allem Frauen an dem sakralen Platz, um höchstwahrscheinlich jahreszeitliche Rituale und Feste abzuhalten, wie wir dies bisher mit den astronomischen Untersuchungen ableiten konnten. Erstaunlich ist die Kontinuität der heiligen Form der Weissen Göttin, ihr kosmisches Ei oder magischer Kreis, der im Tanz umschritten wurde, so wie der Jahreslauf oder das Rad des Lebens sich zeigt.

Mit der Pratteler Hexenmatte erhalten wir einen zusätzlichen Hinweise für die einstigen Rituale in Augst, wo die heilige Landschaft in gallo-römischer Zeit mit Tempelanlagen überbaut wurde, jedoch die alte Struktur beibehalten ist, was uns bei der Rekonstruktion hilft, dieses Grundmuster wieder zu entdecken. Letzter Rest eines Rituals in dieser Kultlandschaft ist die Pratteler Hexenmatte, und dies noch bis ins 17. Jahrhundert, also nur wenige Generationen vor unserer Zeit. Zudem werden wir sehen, dass dieser Kultplatz der Frauen nicht isoliert in der Landschaft gestanden ist, sondern vernetzt war in einem sakralen Landschaftssystem, das der Weissen Göttin und ihrer Wasserschlange Rhein geweiht worden ist, so wie es die Sagen vom Lieni und der Schlangenfrau berichten.

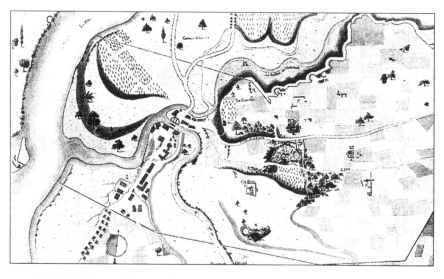

Die drei „Wasserschlangen" Rhein, Ergolz und Fielenbach in Augst; bei der Ergolz existiert ein Flurname Löli (= Lälli, Lällenkönig?) Zeichnung nach A. Parent von 1803

Glücklicherweise wird die Lage der Pratteler Hexenmatte relativ gut überliefert. Sie lag etwas südwestlich von der heutigen Bahnstation in einem Feld. Unsere Frage geht nun dahin, wie die Hexen- und Tanzmatte landschaftsmythologisch zu verstehen ist. Gehört sie zu einem grösseren Landschaftssystem oder ist sie eine einzelne Kultstätte? Um dies zu beantworten, müssen wir uns in der Region etwas umschauen, und zwar auf beiden Seiten des Rheines. Bei Herten in Richtung Rheinfelden auf deutschem Gelände finden wir nun gleichsam ein Gegenstück zur Pratteler Matte, die dort unter dem Flurnamen Tanzmatt angegeben ist. Eine Verbindungslinie zwischen diesen beiden Kultplätzen zeigt überraschenderweise eine astronomische Sonnenlinie an, nämlich mit ziemlich genau 54° Nordost die Mittsommerlinie (Sonnenaufgang am 21. Juni) mit dem jahreszeitlichen Ritual der Heiligen Hochzeit. Die Querachse dazu ergibt die bekannte Belchen-Parallele von 144° Südost und ist zugleich die Mittellinie des Delta-Schossdreieckes von Augusta Raurika. Folgen wir der Spitze dieses Delta-Dreiecks, so gelangen wir zur Insel (G)Werd der Göttin Wurd und weiter über das Kloster „Himmelspforte" zum heiligen Hügel von Chrischona alias Göttin Brigit. Damit erhalten wir ein perfektes und vergrössertes Delta-Schossdreieck mit den Eckpunkten Chrischona-Hügel, Pratteler Hexenmatte und Tanzmatt von Herten mit einer Mittelachse durch Augusta Raurika.

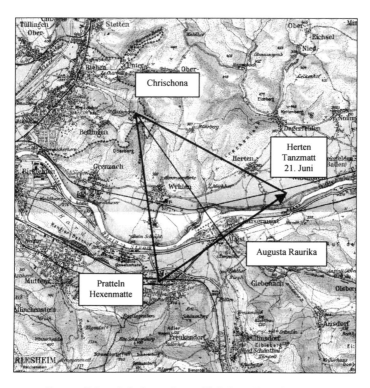

Grosses Schossdreieck von Augst: Chrischona-Pratteln-Herten

Durch das Grosse Schossdreieck hindurch fliesst die Wasserschlange Rhein, die Weisse Göttin als Drachin. Zudem sind ganz in der Nähe die Ortschaften Grenzach, Wyhlen, St. Chrischona und Eichsel, die, wie wir gesehen haben, in den Sagen dieser Orte besonders drei bzw. vier mythologische Frauengestalten tradieren, die wiederum dem Versuch der Historisierung als Königstöchter unterlagen. Dennoch gehören die Frauenfiguren Chrischona/Brigit und die Eichsler Dreiheit Kunigundis, Wibrandis und Mechtundis eher zur landschaftsmythologischen Welt und, wie wir sehen, mit einem ganz realen Bezug. Diese drei oder vier Frauen sind nichts anderes als verschiedene Aspekte der einen Weissen Göttin in der Region Augst. Hauptkultstätten waren die vier Sakralplätze Pratteln-Hexenmatte, Augusta Raurika, Herten-Tanzmatt und der Hügel St. Chrischona, die zusammen ein landschaftsmythologisches System bilden. Dies ist die älteste Schicht und sakrale Landschaftsstruktur. Darauf lagern sich nun keltische, römische, alemannische und christliche Überlieferungsschichten ab, die von diesem Landschaftssystem profitieren und es gleichzeitig zerstückeln, bis es nur noch als Mythenfetze in den Sagen und Flurnamen der Neuzeit erscheint.

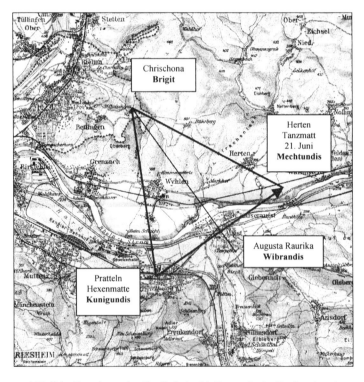

Mögliche Zuweisung der überlieferten hl. Frauen in der Region Augst

Sicher existieren noch weitere Kultplätze in der Region, jedoch sind die Hauptstätten einigermassen beschrieben. Unsere Neugier geht aber noch einen Schritt weiter und vergleicht immer auch mit dem Kultplatz Basel und seinem landschaftsmythologischen System. Daher fragen wir uns, ob in der Region Augst auch ein drittes kosmisches Ei zu finden ist, was in Basel der Fall war. Dort konnten wir das grosse kosmische Ei herausfinden, indem wir den heiligen drei Frauen auf den umliegenden Hügeln besondere Beachtung schenkten. Dieses Vorgehen wollen wir in Augst wiederholen. Als Fixpunkt ist der Hügel von St. Chrischona zu betrachten. Als weitere Punkte mit heiligen Frauen erhalten wir die Tanzmatt und die Hexenmatt, sowie den Tempelbezirk von Augusta Raurika. Der magische Kreis ist damit etwa wie folgt zu ziehen:

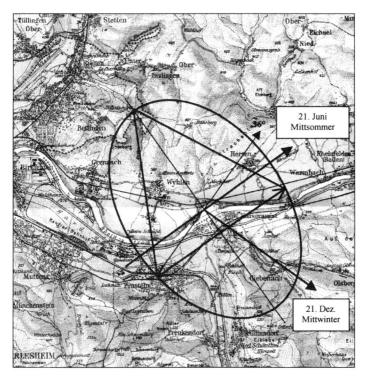

Magischer Kreis der Region Augst mit den astronomischen Ausrichtungen, dem Schossdreieck und der Insel (G)Werd im Rhein als Zentrum

Wie schon das Delta-Schossdreieck von Augusta Raurika besitzt das kosmische Ei der Region Augst eine Längsachse mit der Ausrichtung von 144° Südost und ist damit eine Belchen-Parallel-Linie. Die Querachse dazu ergibt eine Ausrichtung von etwa 54° Nordost, also wiederum den Sonnenaufgang am 21. Juni mit dem Ritual der Heiligen Hochzeit. Die Strecke Prattler Hexenmatte und Herten-Tanzmatt (↔) ist diesmal eine „Hilfslinie" bzw. bildet in Pratteln einen Hilfspunkt. Von der Hexenmatte aus verläuft eine Linie durch das Zentrum des magischen Kreises, so dass wir eine geographisch-astronomische Ausrichtung von 36° Nordost erhalten, die uns schon einmal in Augusta Raurika und in Bibracte begegnet ist. Die Querachse dazu durch die Mitte des Ovals richtet sich nach 126° Südost, also zum Sonnenaufgang am 21. Dezember an Mittwinter, der Wiedergeburt der Sonne durch die Weisse Göttin.

Im Zentrum des kosmischen Mond-Eies erkennen wir die Insel (G)Werd, d.h. die dreifaltige Schicksals-Göttin Wurd mit ehemals drei Inseln. Durch- oder umflossen wird die Sakralstätte von der Grossen Wasserschlange Rhein, jedoch ebenfalls in einer Dreiheit, denn auch die Ergolz (= die Weisse) und der Fielenbach fliessen ins Zentrum des Ovals oder „Auges". Die mythologische Landschaft Augst ist damit in ihrer Grundstruktur erfasst und harmonisch in einen Mikro- und Makrokosmos eingeordnet, der wesentlich den Symbolen, Funktionen und Gestalten der Weissen Göttin einer matriarchalen Mythologie geweiht war.

Die Weisse Göttin von Arlesheim und Mariastein

Arlesheim liegt etwa acht Kilometer südlich von Basel entfernt und besitzt eine der interessantesten Kultplätze der Schweiz. Gemeint ist die sogenannte Eremitage, die östlich der Ortschaft sich durch ein Felsentor zuerst verschliesst, um sich dann in einer überschaubaren Talschaft zu öffnen. Der von Westen nach Osten gerichtete Landstrich scheint teilweise natürlich und teilweise in eine Parklandschaft umgestaltet worden zu sein. Das Besondere an Arlesheim ist, dass der Ort eine Stätte der hl. Odilie war, die hier in einem landschaftsmythologischen Zusammenhang steht. Wie schon die Herleitung ihres Namens von Leukothea (leuk- = weiss, thea = Göttin) besagt, handelt es sich bei ihr um die Weisse Göttin. Doch ist auch ein anderer Name der Göttin in dieser Landschaft überliefert, denn bei Arlesheim fliesst von Süden nach Norden Richtung Basel die Birs. Dieser Flussname wird auch Bris geschrieben, was den Wortstamm bri- oder bre- enthält, genau wie beim Namen der Göttin Brigit, einer weiteren Weissen Göttin.

Odilie ist heute in einem Standbild im Dom von Arlesheim zu sehen. Ihr war eine eigene Odilienkirche gewidmet, die leider nicht mehr existiert. Als brave Klausnerin, dargestellt in einem Schnitzbild aus dem 15. Jahrhundert, ist sie in ihr Gewand gehüllt und hält in der linken Hand ein Buch mit einer Schale darauf, in der zwei Augen zu sehen sind. Dies soll sich auf ihre Legende beziehen, nach der sie blind geboren wurde und durch die Taufe wieder das Augenlicht erlangte. Darum ist sie unter anderem auch Patronin der Augenleidenden. So die phantasievolle Legende. Auf einer neueren Zeichnung desselben Standbildes sehen wir Odilie über Arlesheim stehen, die ihre Stadt schützt. In der Linken hält sie wiederum Buch und Schale, jedoch sind es diesmal nicht zwei Augen, sondern drei Stück, die sie sorgsam aufbewahrt. Wie steht es nun mit den „Augen" der Odilie und warum musste darum herum eine christliche Geschichte der Blindheit konstruiert werden? Wie gehören Schale, Augen und Odilie nach Arlesheim, in die Talschaft der Birs und in das Tälchen der Eremitage? Und warum wurde diese landschaftsmythologisch gestaltet und angelegt?

Arlesheim mit Dom und ehemaliger Odilienkirche, um 1760

Standbild der Odilie mit Schale und drei Augen darin

Die älteste landschaftsmythologische Schicht der Region Arlesheim erzählt uns eine andere Geschichte als die Legende. Sowohl Brigit als auch Odilie besitzen ein gemeinsames Symbol, nämlich den Kessel oder die Schale mit drei „Augen" darin. Diese „Schale" ist eine Urform des sogenannten Grals, der im Mittelalter zum christlichen Kelch uminterpretiert wurde und inzwischen zum Kitschgegenstand moderner Mythen degradiert ist. Eine der ältesten Erscheinungen des Grals jedoch ist ein Stein mit einer oder mehreren Schalen darauf, ein sogenannter Schalen- oder Beckenstein, wie er beispielsweise im Fussboden der Odilienkirche auf dem Odilienberg im Elsass anzuschauen ist, wenn er nicht vergittert wäre. Die Form gleicht einem „Auge" oder einem Oval oder einem kosmischen Ei, jedenfalls bedeuten der Gral bzw. die Schale und die drei Augen den heiligen Schoss der Erd- und Mondgöttin, die hier als Brigit oder Odilie erscheint.[77]

Dazu gehört nun die Kultlandschaft der Eremitage von Arlesheim, die genau von Westen nach Osten verläuft. Im Westen finden wir die Ortschaft mit der Stadtgöttin Odilie und ihrem Symbol der Schale und den Augen. Gegen Osten zu liegt vor uns die Landschaft der Eremitage, in welcher überraschenderweise ebenfalls drei „Augen" liegen, nämlich drei Weiher oder Seen, die mit einem Flüsschen verbunden sind. Die Talschaft der Eremitage symbolisiert also sehr konkret einen heiligen Gegenstand der Odilie, nämlich ihre Schale mit den drei Augen, d.h. den heiligen Schoss der Weissen Göttin. Diese erscheint gerne in Dreigestalt als weisser, roter und schwarzer Aspekt, was den Lebensstadien einer Frau entspricht: Mädchen, Frau und Greisin. Genau diese drei Aspekte sind in der Eremitage mit den drei Schoss-Augen überliefert, denn die Göttin ist sowohl die Eine als auch die Dreifaltige.

Eremitage bei Arlesheim mit Weiher und Talschaft

Noch weiter östlich am Ende der Eremitage lag eine Burg, die heute zerfallen ist. Diese gehörte zur heiligen Landschaft des Tales dazu, denn hier war gemäss den Forschungen von Heide Göttner-Abendroth der Sitz des männlichen Partners der Weissen Göttin, die ihren Hauptsitz für diese Landschaft im Westen in Arlesheim hatte. Damit erhalten wir eine kleinere mythologische Landschaft der Göttin und ihres Heros, ein in sich geschlossener Mikrokosmos, der den Kosmos und die Mythologie der Weissen Göttin real abbildet:

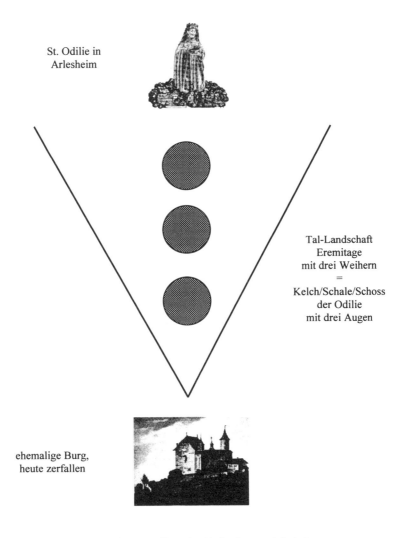

Schematische Darstellung des Gralstales von Arlesheim
(nach H. Göttner-Abendroth)

Ein letzter Rest der dreifaltigen Weissen Göttin in Arlesheim ist noch in den Sagen zu finden. In der Nähe des Schlosses Reichenstein befindet sich eine vom Wald umschlossene Wiese. Im Volk wird diese Wiese „Hexenplatz" genannt und erinnert beispielsweise an die Hexenmatte von Pratteln. In Arlesheim sollen aber keine Hexen verbrannt worden sein. Als Graf Rudolf von Habsburg 1269 das Schloss einnahm, soll er alle Bewohner auf dem Hexenplatz hingerichtet haben. Nun folgt wieder eine Historisierung des Geschehens und der Gestalten: Unter den Hingerichteten sollen sich drei schöne Jungfrauen befunden haben, was das Mitleid der Landleute erregte und darum im Andenken gehalten wird.

„Zu Ehren der drei Jungfrauen" ist im Dreiland ein stehender Begriff, so zum Beispiel in Wentzwiller mit den drei Frauen Einbett, Vilbett und Vorbett oder in Eichsel auf dem Dinkelberg nördlich von Augusta Raurika mit den drei Königstöchtern Kundigundis, Mechtundis und Wibrandis. Dazu kommen in Basel die drei heiligen Frauen Margaretha, Odilie und Chrischona, sowie in der Krypta des Münsters die Heiligen Anna, Maria und Margaretha. Nahtlos lassen sich die drei Frauen von Arlesheim in den grösseren Zusammenhang der weiblichen Dreiheit in der Region Basel einordnen und ihre Landschaftsmythologie rekonstruieren:

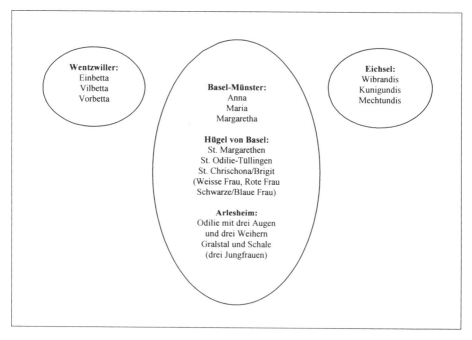

Heilige Frauen-Dreiheiten in der Region Basel-Arlesheim (Mitte), in Wentzwiller und in Eichsel

Eine weitere Spur dieser matriarchalen Göttin-Landschaft und Symbolik finden wir in den mittelalterlichen Epen, so zum Beispiel im „Parcival" oder dem walisischen „Peredur". Sehr eindrücklich und aufschlussreich ist die sogenannte Dreiblutstropfen-Szene, die den Zusammenhang unserer drei „Augen" in Arlesheim, die Farbsymbolik und die Göttin beschreibt: „Langsam wurde es heller, auch der Wald lichtete sich. Auf einer Lichtung lag ein gefällter Stamm, auf den er langsam zuritt. Ohne dass er es merkte, war ihm auf seinem Weg der Falke des Artus gefolgt. Auf der Lichtung hatten sich an die tausend Wildgänse niedergelassen; die Luft war erfüllt von ihrem Geschnatter. Da stiess der Falke herab und schlug seine Fänge in eine Wildgans, die sich losriss und sich mit knapper Not unter dem Astwerk des gefallenen Baumes barg, ohne allerdings wieder hochfliegen zu können. Aus ihrer Wunde waren drei Blutstropfen in den Schnee gefallen, die Parzival in Bedrängnis bringen sollten. Und der Grund dafür war seine hingebende Liebe: Als er nämlich die Blutstropfen auf dem weissen Schnee erblickte, dachte er bei sich. ‚Wer schuf diesen blendenden Farbenkontrast? Er erinnert an dich, Condwiramurs. Gott will mein Glück, denn er lässt mich hier finden, was dir gleicht. Seine Hand und seine ganze Schöpfung seien gepriesen! Vor mir liegt dein Abbild, Condwiramurs. So wie sich der weisse Schnee vom roten Blut abhebt und das Blut den Schnee rötet, ist dein bezauberndes Antlitz, Condwiramurs.' Da die Tropfen in einem Dreieck gefallen waren, nahm er zwei für ihre Wangen und den dritten für ihr Kinn. Es zeigte sich also, dass er seine treue Liebe unwandelbar bewahrt hatte. Parzival versank in Gedanken, bis er alles um sich her vergass, so sehr schlug ihn seine grosse Liebe in ihren Bann. Es war seine Gattin, die ihn in Bedrängnis brachte; die Farben glichen dem Antlitz der Königin von Pelrapeire, die nun all seine Gedanken gefangennahm. Parzival verharrte regungslos, als schliefe er." (nach Wolfram von Eschenbach)

„Früh am andern Morgen erhob er [Peredur] sich, und als er hinaustrat, da war in der Nacht Schnee gefallen, und ein wilder Falk hatte vor der Zelle eine Ente geschlagen. Beim Geräusch des Pferdes erhob sich der Falke und ein Rabe liess sich auf dem Fleisch des Vogels nieder. Und Peredur? Er stand und verglich die Schwärze des Raben mit dem Haar der Frau, die er am meisten liebte und das schwarz wie Kohle war, die Weisse des Schnees mit ihrer schneeweissen Haut und die Röte des Blutes mit den beiden roten Flecken auf den Wangen jener Frau, die er am meisten liebte." (nach dem Epos Peredur) In der altfranzösischen Fassung bei Chrétien von Troyes heisst die Königin nicht Condwiramurs (= Geleiterin der Liebe), sondern Blancheflor (= die weisse Blume), was auf die Weisse Göttin und ihre heilige Blume, die Lilie, hinweist.

Ein weiterer Ort der Weissen Göttin ist das nahegelegene Mariastein. Die Göttin erschien in einer Höhle an einem steilen Abhang, an dem ein Kind unversehrt hinuntergefallen sei. Zweifellos begegnen wir in Mariastein mit der besonderen Höhle oder Grotte dem schwarzen Aspekt der dreifaltigen Erd- und Mondgöttin, die heute mit einem Gnadenbild der Maria besetzt ist. Tausende von Besucherinnen und Besuchern pilgern jedes Jahr zu diesem Gnadenbild und bitten (beten < Bethen) um Hilfe und Beistand, ja die ganze Ortschaft lebt heute von der Klosteranlage beim Abhang der Frauenerscheinung, die interessanterweise von indischen Besuchern als eine Erscheinung der schwarzen Göttin Kali gedeutet wird.

Mariastein auf einem alten Stich; in der Mitte der Zugang zur Grotte am Abhang

Innenraum der Grotte von Mariastein (Gnadenkapelle)

In der Begründungssage des alten Höhlenkultes in Mariastein erscheint nicht unbedingt Maria, sondern eben die Weisse Göttin als „wunderschöne Frau", die dem Mädchen geholfen hat: „Über dem Dorfe Ettingen im Juragebiet liegen die Überreste der Burg Fürstenstein, einst der wehrhafte Wohnsitz der Herren von Rothberg. Einer der tapfersten der Sippe war Hans von Rothberg. Als er einst bei seinen Bekannten war, wandelte seine Gattin mit ihrem Kinde in der Umgebung ihres Wohnsitzes herum. Das Kind suchte Feldblumen und Erdbeeren, die sie der Mutter brachte. Da plötzlich hörte die Mutter einen Angstschrei. Sie sprang auf und eilte dem Orte zu, wo sie ihr Kind am Bergabhang zuletzt erblickt hatte. Ein Abgrund gähnte ihr entgegen, aber nirgends sah sie das Mädchen. Umsonst rief sie in die grausenhafte Tiefe, nur das Echo gab den Ruf der unglücklichen Mutter zurück. Da stürzte sie auf steilem Pfade hinunter in das Tal. Aber kaum langte sie unten an, so kam ihr das totgeglaubte Kind mit einem Körbchen voll Erdbeeren freudig entgegen und erzählte, eine wunderschöne Frau habe es mitten im Falle in ihre Arme geschlossen und unten im Tale sanft auf den Rasen gesetzt. Dort habe es die Erdbeeren gepflückt, welche es jetzt dem Vater bringen wolle. Dieser wunderbaren Rettung zum Gedächtnis erbaute nun der erfreute Vater eine Kapelle, die heute noch im Wesen ist, und welche zur Erbauung des Klosters Maria Stein später Anlass gab."[78]

Doch die Göttin erscheint in Mariastein auch in einer Dreiheit. In der Nähe der Höhle entlang des Abhanges finden wir am Ende eines grösseren Feldes gegen Landskron zu eine Anna-Kapelle. Hier entdecken wir die alte Göttin Ana oder Dana im christlichen Gewand als Anna, und zwar in einer Dreiheit von Anna, Maria und Jesus, die sogenannte Annaselbtritt-Darstellung, welche schliesslich auf die Dreifaltigkeit der Weissen Göttin zurückgeht, obwohl der männliche Jesus hier ihren weissen Aspekt übernommen hat. Den schwarzen Aspekt verkörpert die Grossmutter Ana/Anna, während Maria den roten Frauenaspekt repräsentiert.

Das Sternbild der Weissen Göttin

Wie wir verschiedentlich gesehen haben, begegnen wir im astronomischen System des kosmischen Eies in Basel und Augst immer wieder sogenannten „Hilfslinien". Beispielsweise führt eine solche geographische Linie vom Margarethen-Hügel, wo sich heute eine Sternwarte befindet, nordöstlich nach Ober-Tüllingen zum Odilien-Hügel. Die ungefähre Ausrichtung dieser Orientierung ergibt einen Wert von 36° Nordost, und sie bildet, wie schon besprochen, am Ort der Margarethen-Kirche eine Querlinie von 126° Südost zum Sonnenaufgang an Mittwinter (21. Dezember). Ebenso bildet das kosmische Ei der Weissen Göttin von Augst zwischen den Flüssen Ergolz und Fielenbach diese Orientierung. Die Hauptachsen ergeben auch dort wiederum das geographische Paar von 36° Nordost und 126° Südost. Diese Hauptausrichtung fanden wir selbst beim Bassin von Bibracte mit der kunstvollen Ummauerung, dort sehr schön mit dem Wasserkult verbunden und wiederum mit der „Weihnachtslinie" von 126° Südost. Die Markierung einer astronomischen Linie nach dem 21. Dezember hat eindeutig einen besonderen

Stellenwert, denn wir erhalten einerseits den Sonnenaufgang an Mittwinter, aber auch den Sonnenuntergang an Mittsommer (21. Juni), so dass diese Linie den Jahreskreis in zwei Hälften teilt und jeweils die Wendepunkte im Jahreszyklus angibt.

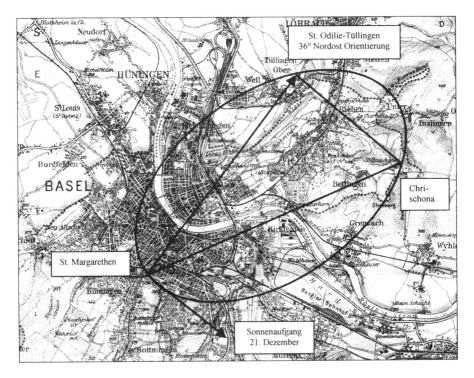

Orientierung 36° Nordost der astronomischen Linie Margarethen-Odilie/Tüllingen

Eine weitere „Hilfslinie" ist beim astronomischen Fünfeck im Kreis des erweiterten Basels und im Fünfeck des gallo-römischen Augst zu beobachten. Es ist dies derjenige Schenkel des Trapezes im Kreis, bei dem alle Sonnenlinien zusammenkommen, somit die Daten im Jahreskreis von 21. Dezember, 21. Juni, 21. März und 23. September, also Mittwinter, Mittsommer, Frühlingsanfang und Herbst-Tagundnachtgleiche. Dazu kommen immer auch die jahreszeitlichen Rituale und Feste, die sich teilweise in der Region direkt oder indirekt im Brauchtum erhalten haben: Wiedergeburt des Sohn-Geliebten der Göttin, Heilige Hochzeit, Initiation des männlichen Partners sowie Zeit der glücklichen Jenseitsreise und Wandlung des Heros. Die astronomisch-geographische Ausrichtung beträgt in diesem Fünfeck etwa 16° Nordost und ist in einem solchen, recht praktischen Trapez eines Landschaftskalenders für eine Ackerbaugesellschaft ohne weitere Schwierigkeiten zu erkennen.

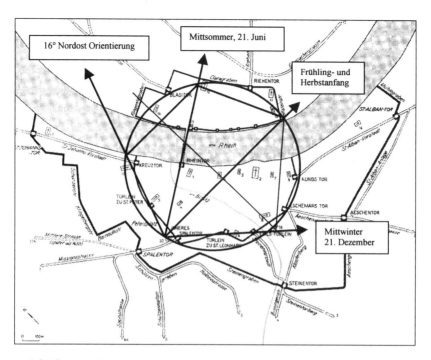

Orientierung 16° Nordost im astronomischen System (Fünfeck) des erweiteren Basel

Eine Erklärung für diese konstante Ausrichtung von 36° und 16° Nordost ist nicht nur, dass sie für die Berechnung der anderen Linien notwendig sind, sondern dass sie selbst ebenfalls eine Bedeutung haben. Eine Mond- und Sonnenorientierung ist aber bei diesen Graden ausgeschlossen. Unsere Fragestellung geht nun dahin, ob eine Stern- bzw. Sternbildorientierung vorliegt oder nicht, denn es ist nach all unseren bisherigen Betrachtungen der astronomischen Kenntnissen wohl kaum anzunehmen, dass nicht auch Sternorientierungen (mit alten Kenntnissen der Navigation seit der Jungsteinzeit!) mit berücksichtigt wurden, damit auch der reale Bezug zu Sonne, Mond und Sternen gewährleistet ist, wie es in den Mythen oft genannt wird. Dazu benötigen wir ein Datum im Jahreskreis, das beispielsweise mit dem 21. Dezember gegeben ist. Schwieriger ist das Jahr herauszufinden, doch wir wissen, dass Basel und Augst in „keltischer" Zeit besiedelt war. Wir setzen dieses Datum etwa bei 100 v.u.Z. Wenn wir nun am 21. Dezember 100 v.u.Z., mit allen Berücksichtigungen der zeitlichen Veränderungen, bei Abenddämmerung oder eine Weile danach an den nun dunkeln, „weihnachtlichen" Himmel Richtung 16° bis 36° Nordost schauen, erblicken wir entlang des Horizonts das klare Sternbild der Weissen Göttin, nämlich die Grosse Bärin (Ursa Maior) oder den Grossen Wagen. Recht genau ist dies der Fall bei 36° Nordost in der Bronze- und Jungsteinzeit, während 16° Nordost eher für die antike Zeit übereinstimmt.

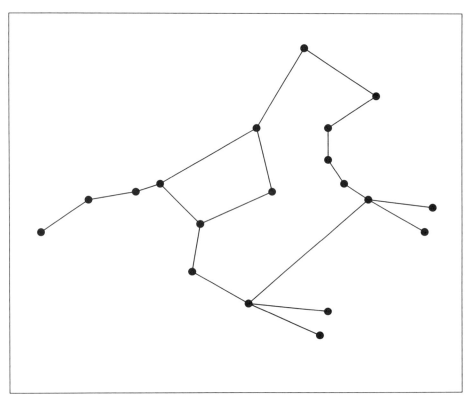

Sternbild der Grossen Bärin (Ursa Maior) bzw. der Weissen Göttin über Basel und Augst am 21. Dezember Richtung Nordost in keltischer und gallo-römischer Zeit

Damit hätten wir einen weiteren kosmischen Bezug, der das astronomische Mond- und Sonnensystem von Basel-Augst ergänzt. Den historischen Bezug erhalten wir beispielsweise mit der hl. Ursula (= die Bärin), die in der Region Basel-Grenzach-Wyhlen mit ihren (11)000 Jungfrauen erscheint, oder mit der hl. Odilie. Diese leitete sich eindeutig von der Mutterlinie ab, denn schon Odilies Mutter, Bereswinda, besitzt einen mythologischen Namen (Weisse Bärin), so wie ihre Tochter symbolträchtig ein seltsames Bärenfell und einen heiligen Stein besitzt. Wahrscheinlich war die Bärin unter anderem das Totemtier dieser Sippe. Eine weitere Frau mit einer Bärin finden wir in Andlau mit der Kaiserin Richardis, von der eine Sage existiert. Wiederum erkennen wir jedoch eine Historisierung von mythologischen Begebenheiten und Gestalten, dazu verschiedene Verzerrungen und Umbildungen bis zur sentimental-christlichen Legende. Ein landschaftsmythologischer Kern ist aber immerhin noch vorhanden: „Als Richardis, Gemahlin des Kaisers Karl des Dicken, aufgrund übler Nachrede von Höflingen, die durch ihren Stolz verletzt waren, eingemauert wurde, blies ein Mann das Horn und verlangte, vor den Kaiser gelassen zu werden. ‚Ich bin der Herr von Andlau', sagte er, ‚ich lebe in einem Tal, in dem es mehr Bären als Menschen gibt. Ich werfe den Speer auf jeden, der seine Zunge zu weit herausstreckt. Man hat deine Frau böswillig verleumdet. Ich fordere Genugtuung, denn sie ist aus meiner Familie.' Die falschen Höflinge reihten sich vor dem Herrn des Bärentals auf, und er brachte sie zu Pferd, zu Fuss und auch von der Kutsche aus sämtlich um. Vor dem Sieg des Verteidigers der Schwachen musste der Kaiser die Unschuld von Richardis anerkennen. Sie wurde befreit, und der Herr von Andlau sagte zu Karl dem Dicken: ‚Du bist der Gemahlin, die Gott dir gab, nicht wert.' Richardis kniete nieder und sagte: ‚Mein Herr, die Stunde der Trennung ist gekommen. Ich verlasse diesen Unglücksort, denn Gott ruft mich.' Sie entfloh, begleitet von vielen Menschen aus dem Elsass.

Sie ritt viele Tage lang, da traf sie eines Abends auf einen Mönch, der ihr zurief: ‚Edle Frau, geh zu den wilden Tieren und predige ihnen die gute Botschaft! Wenn du dort unten im Tal eine Bärin siehst, die den Boden aufkratzt, halte an und baue dort das Haus Gottes.' Richardis setzte ihren Weg fort, und als sie durch steile Felsen hindurch in ein düsteres Tal gelangte, an dessen Ende ein Wasserfall tobte, sagte der Herr von Andlau: ‚Frau Richardis, hier beginnt mein Land', und unter dem dunklen Himmel schien das Tal immer enger zu werden. Als sie in der Ebene ankamen, hielt die Kaiserin plötzlich an. Eine Bärin kratzte den Boden auf ‚Was machst du denn da?' fragte Richardis und stieg vom Pferd. ‚Zeigst du mir das Ende meines Weges?' ‚Geht nicht heran!' rief der Edelmann, ‚ihre Krallen zerreissen Euch.' Aber die Kaiserin streichelte den Kopf der Bärin, die ihr den steifen Körper ihres jungen hinstreckte, während dicke Tränen aus ihren Augen quollen. Frau Richardis nahm das Junge in den Arm und wärmte es an ihrer Brust. ‚Warum willst du dein Junges begraben?' sagte sie, ‚es ist nur im Winterschlaf.' Die schwarze Bärin machte schön, lächelte, zeigte ihr rotes Zahnfleisch und leckte die Kaiserin. Der Edelmann war ebenfalls vom Pferd gestiegen und betrachtete die Zwiesprache zwischen der Kaiserin und dem wilden Tier. Die Bärin zeigte ihre Dankbarkeit, indem sie ihre kalte Schnauze auf die Fingerspitzen von Frau Richardis legte. Richardis befahl nun den Zimmerleuten von Barr, mit ihrem Werkzeug zu kommen, und sie liess ein grosses Kloster für die Armen und Entrechteten bauen, während der Herr von Andlau eine Burg mit zwei Türmen errichtete, die die Ebene überwachten."[79]

Wir sind einen weiten Weg der Weissen Göttin in der Schweiz gegangen, und doch konnten wir nur einige Ortschaften und besondere Stätten betrachten. Die Weisse Göttin mit ihrer Landschaft ist auch in den Alpen und Voralpen mit ihrer Dreifaltigkeit die Göttinfigur überhaupt. Sie geht auf eine jungsteinzeitliche, vorindoeuropäische und matriarchale Göttin-Kultur zurück, mag sie nun im Jura Aericura, im Mittellande Verena oder in Graubünden Margaretha heissen. Eine Erforschung der Göttin-Kultur in der Schweiz ist dringend notwendig und lohnend, wird sie doch das herkömmliche Geschichtsbild ziemlich verändern und mit der Landschaftsmythologie zusammen neue Wege beschreiten.

Anmerkungen

Mythen und Mysterien in den heiligen Hügeln von Basel

Literatur
1) Julius Maurizio: Von den Haupthimmelsrichtungen im Stadtbild Altbasels, im Heft Regio Basiliensis, VII/2 Basel 1966.
2) Rolf d'Aujourd'hui: Zum Genius Loci von Basel – ein zentraler Ort im Belchen-System, Basler Stadtbuch 1997, 125 ff.
3) Eduard Strübin: Jahresbrauch im Zeitenlauf, Verlag Kanton Basel-Landschaft 1991.
4) Schwarzer Führer Schwarzwald, Eulen Verlag Freiburg i.Br., 1996.
5) Heide Göttner-Abendroth: Die Göttin und ihr Heros; sowie: Die tanzende Göttin – Prinzipien einer matriarchalen Aesthetik. Frauenoffensive München 1984.
6) Anne Ross, Don Robins: Der Tod des Druidenfürsten, vgs Köln 1990.
7) Kunstdenkmäler der Schweiz: Basel-Stadt Band I bis V, Birkhäuser Basel 1966.
8) Sigrid Früh (Hg.): Der Kult der Drei Heiligen Frauen, Edition Amalia, Bern 1998.
9) Edith Schweizer-Völker: Volksfeste im Dreiland, Buchverlag Basler Zeitung 1998.
10) Fritz Meier: Basler Heimatgeschichte, Lehrmittelverlag Basel 1974.
11) Eugen A. Meier: Festfreudiges Basel, Basel 1992.
12) Edith Schweizer-Völker: Butzimummel-Narro-Chluri, Buchverlag Basler Zeitung 1990.
13) Hans. U. Christen: Basel gestern und heute, Genf 1986.
14) Lexikon der keltischen Mythologie, Diederichs München 1995.
15) Lore Kufner: Getaufte Götter – heilige zwischen Mythos und Legende, Pfeiffer München 1992.
16) Eugen A. Meier: Rund um den Baselstab 3, Birkhäuser Verlag Basel 1978.
17) Ludwig Berger: Archäologischer Rundgang durch Basel, Schweiz. Gesellschaft für Ur- und Frühgeschichte, Basel 1981.
18) John Meier: Der Brautstein, Edition Amalia Bern 1996.
19) Barbara G. Walker: Das geheime Wissen der Frauen, dtv Frankfurt 1993.
20) Ean Begg: Die unheilige Jungfrau, Edition Tramontane, Bad-Münstereifel 1989
21) G. Burckhardt: Basler Heimatkunde 1927.
22) Lörrach und des Rechtsrheinische Vorland von Basel, Verlag von Zabern, Mainz 1981.
23) Kurt Derungs: Mythologische Landschaft Schweiz, Edition Amalia, Bern 1997.
24) Jutta Voss: Das Schwarzmond-Tabu, Kreuz Verlag, Stuttgart 1990.
25) Rippmann/Kaufmann/Schibler/Stopp: Basel Barfüsserkirche, Walter Verlag Olten 1987.
26) Jakob Amstadt: Südgermanische Religion seit der Völkerwanderungszeit. Stuttgart 1991.

Das Belchen-System

1 Die Abschnitte I bis IV, VI und VII wurden von Walter Eichin verfasst, Abschnitt V in Zusammenarbeit mit Andreas Bohnert. Die astronomischen Daten wurden von Andreas Bohnert berechnet, Karte und Kalenderrad von Wolfgang Krebs gezeichnet.
2 Duden/Herkunftswörterbuch 1963.
3 F. Hockenjos, Die drei Belchen. In: Der Schwarzwald, 1960, Heft 1/2.
4 Greule, Vor- und frühgermanische Flussnamen am Oberrhein, Heidelberg 1973.

5 vgl. H. Gaidoz, Le dieu gaulois du soleil et le symbolisme de la roue, Revue Archéologique 1884
6 Von Jean Beleth: „in festo Johannis baptistae... rota in quibusdam locis volvitur" (am Fest Johannes des Täufers... wird in einigen Gegenden das Rad gewälzt).
7 vgl. Handwörterbuch des deutschen Aberglaubens, Bd. 7, Rad.
8 J. Künzig, Die Alemannisch-Schwäbische Fasnet. 1950.
9 vgl. A. Pfleger, Das Sommersonnwendrad im Elsass und Moselraum, 1942.
10 Die Alemannisch-Schwäbische Fasnet, 1950.
11 vgl. Encyclopédie de l'Alsace, t.5, 1983, feux.

Literatur

Bittel / Kimming / Schiek: Die Kelten in Baden-Württemberg. Stuttgart 1981.
Boesch, B.: Grundsätzliche Erwägungen zu den nichtdeutschen Orts- und Flurnamen am Oberrhein und im Schwarzwald. Zeitschrift für die Geschichte des Oberrheins Bd. 118, Freiburg 1965.
Boesch, B.: Das Frühmittelalter im Ortsnamenbild der Basler Region. Freiburger Universitätsblätter Heft 55, Freiburg 1977.
Bloch / Wartburg: Dictionnaire Etymologique de la langue Française, Paris 1975.
Bruckner, W.: Schweizerische Ortsnamenkunde. Basel 1945.
Buck, M. R.: Oberdeutsches Flurnamenbuch. Bayreuth 1880/1931.
Dillon / Chadwick: Die Kelten. Zürich 1966.
Duden Bd. 7:. Das Herkunftswörterbuch. Mannheim 1963.
Fellmann, R.: Die Schweiz zur Römerzeit. Basel 1957.
Führer zu vor- und frühgeschichtlichen Denkmälern, Bd. 47: Lörrach und das rechtsrheinische Vorland von Basel. Mainz 1981.
Greule, A.: Vor- und frühgermanische Flussnamen am Oberrhein. Beiträge zur Namenforschung. Neue Folge, Beiheft 10, Heidelberg 1973.
Hatt, J. J.: Kelten und Gallo-Romanen. Archaeologia Mundi. München 1979.
Hermann, J.: dtv-Atlas zur Astronomie. München 1973.
Hockenjos, F: Die drei Belchen. Der Schwarzwald 1/2, Freiburg 1960.
Hollenweger, P: Sagen aus dem Markgräflerland. Das Markgräflerland 3/4. Schopfheim 1978.
Hopfner, I.: Keltische Ortsnamen der Schweiz. Zürich 1929.
Kimmig / Hell: Vorzeit an Rhein und Donau. Lindau 1958.
Kleiber, W: Auf den Spuren des voralemannischen Substrats im Schwarzwald. Zeitschrift für die Geschichte des Oberrheins, Bd. 108. Freiburg 1960.
Vordeutsche, nichtgermanische Gewässer- und Siedlungsnamen. Historischer Atlas von Baden-Württemberg, Erläuterungen III, 5, Stuttgart 1979
Kluge: Etymologisches Wörterbuch der deutschen Sprache. Berlin 1963.
Martin / Lienhart: Wörterbuch der Elsässer Mundart. Strassburg 1907.
Müller, R.: Der Himmel über dem Menschen der Steinzeit. Berlin 1970.
Ochs, E.: Badisches Wörterbuch Bd. 1, Freiburg 1940.
Pigott, St.: Vorgeschichte Europas. München 1972.
Pörtner, R.: Bevor die Römer kamen. Düsseldorf 1961.
Reden, S. von: Die Megalith-Kulturen. Köln 1978.
Richter, E.: Archäologische Denkmäler und Funde auf der Gemarkung Grenzach-Wyhlen. Das Markgräflerland 1. Schopfheim 1981.
Schlette, F: Kelten zwischen Alesia und Pergamon. Leipzig 1976.
Schönfeld, S.: Feste und Bräuche. Ravensburg 1980.
Schwaederle, A.: Vorgermanische (keltische) Fluss-, Berg- und Ortsnamen im Breisgau. Schauinsland 39. Jg. Freiburg 1913(?).
Stöber, A.: Die Sagen des Elsasses. St. Gallen 1858.
Wernick, R.: Steinerne Zeugen früher Kulturen. Reinbek 1977.
Thoma, W.: Die Kelten im Elztal. Waldkircher Heimatbrief Nr. 71. Waldkirch 1975.
Zinsli, P.: Ortsnamen (der deutschen Schweiz). Frauenfeld 1971.

Die Weisse Göttin von Basel

1. vgl. Robert von Ranke-Graves: Die Weisse Göttin. Reinbek bei Hamburg 1988.
2. vgl. Heide Göttner-Abendroth: Die Göttin und ihr Heros. München 1998.
3. Rolf d'Aujourd'hui: Zum Genius Loci von Basel. Ein zentraler Ort im Belchen-System. Basel 1997. (Separatdruck)
4. vgl. Robert von Ranke-Graves: Griechische Mythologie. Reinbek bei Hamburg 1987; Heide Göttner-Abendroth: Das Matriarchat I-IV. Stuttgart 1989 ff.; Heide Göttner-Abendroth: Die tanzende Göttin. München 1985.
5. vgl. Heide Göttner-Abendroth: Die tanzende Göttin, a.a.O., „Das Mondin-Sonnenspiel".
6. vgl. Kurt Derungs (Hg.): Mythologische Landschaft Schweiz. Bern 1998.
7. Janet Aleemi: Die Blauen-Berge. Ein frühzeitlicher Mondkalender. In: Novalis Nr. 10/11, 1994.
8. vgl. Barbara G. Walker: Das geheime Wissen der Frauen. München 1995, „Akka".
9. vgl. Patricia Monaghan: Lexikon der Göttinnen. Bern 1999, „Aka".
10. Information von Walter Eichin.
11. vgl. Hans-Dieter Lehmann: Zu den ältesten Toponymen im Herzen Europas im Umfeld der autochthonen Religiosität der Vorzeit. In: Basler Zeitschrift für Geschichte und Altertumskunde, Bd. 93, Basel 1993, p. 79-107.
12. Kupferstich bei: Daniel Meisner: Politisches Schatzkästlein. 1. Buch, 3. Teil. Frankfurt 1625.
13. August Stöber: Sagen des Elsasses. St. Gallen 1852, Nr. 37.
14. August Stöber, a.a.O., Nr. 52.
15. Alemannische Sagen, Nr. 275. Hrsg. von Ulf Diedrichs und Christa Hinze. München 1991.
16. vgl. Matriarchate als herrschaftsfreie Gesellschaften. Hrsg. von Heide Göttner-Abendroth und Kurt Derungs. Bern 1997.
17. Holzstich nach Zeichnung von Emil Lugo. Aus: Wilhelm Jensen, Der Schwarzwald. Berlin 1890.
18. vgl. teilweise Petra van Cronenburg: Geheimnis Odilienberg. München 1998, p. 119 ff.
19. vgl. Marija Gimbutas: Die Ethnogenese der europäischen Indogermanen. Innsbruck 1992; Wolfgang Meid: Aspekte der germanischen und keltischen Religion im Zeugnis der Sprache. Innsbruck 1991.
20. vgl. Hans Krahe: Unsere ältesten Flussnamen. Wiesbaden 1964.
21. vgl. Rolf d'Aujourd'hui, a.a.O., p. 127.
22. nach August Stöber, a.a.O., Nr. 332 ff.
23. August Stöber, a.a.O., p. 454.
24. vgl. Uno Holmberg: Der Baum des Lebens. Göttinnen und Baumkult. Bern 1996; Uno Holmberg: Das Wasser des Lebens. Göttinnen und Wasserkult. Bern 1997.
25. Fritz Meier: Heimatgeschichtliches Lesebuch von Basel. Basel 1966, p. 2.
26. vgl. Carlo Ginzburg: Hexensabbat. Entzifferung einer nächtlichen Geschichte. Frankfurt am Main 1993, p. 122 ff.
27. Carlo Ginzburg, a.a.O., p. 122.
28. August Stöber, a.a.O., Nr. 279.
29. Holzstich aus: Otto Freiherr von Reinsberg-Düringsfeld, Das festliche Jahr, Leipzig 1863.
30. vgl. Hans Krahe, a.a.O., p. 54.
31. Andres Furger-Gunti: Das keltische Basel. Basel 1981, p. 8.
32. Robert von Ranke-Graves: Griechische Mythologie. Reinbek bei Hamburg 1987, 1.1.
33. Sagen der Schweiz – Basel, Baselland. Hrsg. von Peter Keckeis. Zürich 1986, p. 35.
34. Brüder Grimm: Deutsche Sagen, Nr. 13 „Die Schlangenfrau".
35. vgl. Sigrid Früh/Kurt Derungs (Hg.): Schwarze Madonna im Märchen. Bern 1998.
36. Jakob Amstadt: Die Frau bei den Germanen. Stuttgart 1994, p. 55 f.
37. vgl. Heide Göttner-Abendroth: Die Göttin und ihr Heros, a.a.O.; Kurt Derungs: Struktur des Zaubermärchens I+II. Bern, Hildesheim 1994.
38. Albert Spycher: Der Basler Lällenkönig, seine Nachbarn, Freunde und Verwandten. Basel 1987.
39. Holzstich aus: Otto Freiherr von Reinsberg-Düringsfeld, Das festliche Jahr, Leipzig 1863.

40 Jakob Amstadt, a.a.O., p. 59.
41 Jakob Amstadt, a.a.O., p. 56.
42 vgl. Kurt Derungs: Brautstein und Ahnenstätte. In: Mythologische Landschaft Deutschland. Hrsg. von Heide Göttner-Abendroth und Kurt Derungs. Bern 1999.
43 John Meier: Der Brautstein. Bern 1996, p. 16.
44 Sagen der Schweiz – Basel, Baselland, a.a.O., p. 36 f.
45 vgl. Fritz Meier: Heimatgeschichtliches Lesebuch von Basel. Basel 1966.
46 Alemannische Sagen, a.a.O., Nr. 297.
47 Bernhard Baader: Volkssagen aus dem Lande Baden und den angrenzenden Gegenden. Reprint Hildesheim 1978, Nr. 129.
48 August Stöber, a.a.O., Nr. 156.
49 vgl. Willibald Kirfel: Die dreiköpfige Gottheit. Bonn 1948; Sigrid Früh (Hg.): Der Kult der drei heiligen Frauen. Bern 1998; Erni Kutter: Heilige Jungfrauen, Salige und Wilde Fräulein. In: Mythologische Landschaft Deutschland, a.a.O.
50 Erna und Hans Melchers: Das grosse Buch der Heiligen. Zürich 1978, p. 806.
51 vgl. Petra van Cronenberg. a.a.O., pass.
52 August Stöber, a.a.O., Nr. 195.
53 Annemarie Heimann-Schwarzweber: Die Kirche von Tüllingen. Lörrach 1988, p. 11.
54 Maria Stoeckle: Das Leben der hl. Odilia. St. Ottilien 1991, p. 118.
55 Sigrid Früh (Hg.): Der Kult der drei heiligen Frauen. Bern 1998, p. 162.
56 Fritz Meier, a.a.O., p. 290.
57 Sigrid Früh, Der Kult der drei heiligen Frauen, a.a.O., p. 77.
58 vgl. Erni Kutter: Der Kult der drei Jungfrauen. München 1997.
59 Edith Schweizer-Völker: Volksfeste im Dreiland. Basel 1997, p. 71 f.
60 vgl. O.G.S. Crawford: The Eye Goddess. 1957; Marija Gimbutas: Die Sprache der Göttin. Frankfurt am Main 1994.
61 Edith Schweizer-Völker, a.a.O., p. 63 f.
62 vgl. Paul Suter und Eduard Strübin: Baselbieter Sagen. Liestal 1992, Nr. 22 und 23.
63 vgl. Robert von Ranke-Graves, a.a.O.
64 Martin Frey: Volksbräuche und Dorfnamen der Vorortsgemeinde Muttenz. Basel 1975, p. 20 ff.
65 Martin Frey, a.a.O., p. 21.
66 Martin Frey, a.a.O., p. 21.
67 Martin Frey, a.a.O., p. 22. Der Baselbieter Historiker Peter Suter vermutet, dass die Eier-Aufleser (= Sommerkönig) das Gute, den Frühling verkörpern, während die Läufer (= Winterkönig) das Böse, den Winter, darstellen. Von Gut und Böse kann hier natürlich keine Rede sein.
68 Martin Frey, a.a.O., p. 25.
69 vgl. Barbara Walker: Das geheime Wissen der Frauen. München 1995. „Schicksalsfrauen".
70 vgl. Walter Drack und Rudolf Fellmann: Die Römer in der Schweiz. Stuttgart 1988.
71 vgl. Rolf d'Aujourd'hui, a.a.O.; Rudolf Laur-Belart: Führer durch Augusta Raurica. Bearbeitet von Ludwig Berger. Basel 1988.
72 Peter Keckeis, a.a.O., p. 119.
73 Peter Keckeis, a.a.O., p. 166.
74 Brüder Grimm: Deutsche Sagen, Nr. 13 „Die Schlangenfrau".
75 Schweizer Volkskunde 16, Basel 1926, p. 10; vgl. dazu Schweizer Volkskunde 15, Basel 1925, p. 43 f.
76 Peter Keckeis, a.a.O., p. 160.
77 vgl. Heide Göttner-Abendroth: Die Alte vom Arber. In: Mythologische Landschaft Deutschland, a.a.O.
78 Peter Keckeis, a.a.O., p. 125.
79 Ulla Schild: Sagen und Märchen aus dem Elsass. Reinbek bei Hamburg 1994, Nr. 98.

Heide Göttner-Abendroth/Kurt Derungs (Hg.)
Mythologische Landschaft Deutschland

Landschaftsmythologie der Alpenländer, Band 2
313 Seiten, 75 Abbildungen und Zeichnungen

Untersucht werden traditionsreiche Regionen wie z.B. das Gebiet Bodensee, die Insel Rügen, Schleswig-Holstein oder der Bayerische Wald. Dazu kommen Themenkreise wie heilige Quellen, Rosengärten, Menhire und Megalithstätten oder Frau Holle. Besonders reizvoll ist das Zusammenspiel von archäologischen Funden, altem Brauchtum, mythologischen Sagen oder überlieferten Landschaftsnamen. Mit diesem neuen differenzierten Wissen über die kulturellen Zusammenhänge einer Region wird eine Reise zu den landschaftsmythologischen Stätten und aussergewöhnlichen Plätzen sicher eine reiche Erfahrung.

edition amalia

Kurt Derungs (Hg.)
Mythologische Landschaft Schweiz

Landschaftsmythologie der Alpenländer, Band 1
300 Seiten, 40 Abbildungen und Zeichnungen

„Weitaus tiefgehender nimmt der Herausgeber Kurt Derungs, ein Berner Germanist und Ethnologe, die Schweiz aufs Korn: Er und seine versammelten Autoren und Autorinnen folgen den Spuren alter Mythen und verlassen dabei nicht die wissenschaftlichen Pfade; dass das Buch dennoch lesbar ist, darf als gelungene Leistung gewertet werden." (Bert Brenner)
„13 Beiträge zu kultischen Themen schweizerischer Volkskunde versuchen Licht in längst versunkene und vergessene Überlieferungen aus alter Zeit zu bringen...
Freilich ist es nicht leicht, zu diesem Themenbereich seriöse Arbeiten zu liefern. Vor allem die in Mode gekommene Esoterik spielt hier gerne ihre Streiche. Man darf hier aber den Autoren zu ihrer besonnenen Arbeit gratulieren. Ein gelungenes Buch, das uns durch die mythologische Landschaft der Schweiz im Stil der Dokumentation alter Überlieferungen führt. (ANISA – Verein für Felsbildforschung)

edition amalia

Kurt Derungs (Hg.)
Keltische Frauen und Göttinnen

Matriarchale Spuren bei Kelten, Pikten und Schotten
328 Seiten, Abbildungen und Zeichnungen

„Das vorliegende Buch zeigt in den Beiträgen namhafter Experten, dass die Faszination am Keltentum vor allem durch alteuropäisch-matriarchale Spuren bedingt ist. Der Sammelband bietet eine seriöse, mit Wissen angereicherte Fundgrube, die das Bewusstsein über die Kelten massgeblich erweitert." (Roman Schweidlenka)

edition amalia

Yves Schumacher
Steinkultbuch Schweiz

Ein Führer zu Kultsteinen und Steinkulten
213 Seiten, 36 Abbildungen

Wer kennt sie nicht – die faszinierenden Steinbauten von Malta, der Bretagne, von Irland oder England? Seit Jahren sind diese Stätten beliebte Reiseziele, doch zurück bleibt meistens eine offene Frage: Wie steht es mit dem Steinkult zuhause? Gibt es in der Schweiz und in der näheren Region ebenfalls Stätten mit einem alten Steinkult? Auf diese Fragen und noch weitere möchte das Buch antworten und versuchen, einen allgemein verständlichen Überblick über den Steinkult in der Schweiz zu geben. Vorgestellt werden die wichtigsten Plätze und Orte, aber auch weniger bekannte Funde und Spuren werden beschrieben. Dazu kommen erklärende Bezüge zu Stätten ausserhalb des Landes – besonders im Gebiet des Alpenbogens – und die ausgewählten Fotos des Autors, die er während seiner Spurensuche gesammelt hat. Vor uns liegt ein leicht verständliches und anregendes Lesevergnügen, um die eigenen Kultplätze entdecken zu können.

edition amalia

Sigrid Früh/Kurt Derungs (Hg.)
Schwarze Madonna im Märchen

Mythen und Märchen von der Schwarzen Frau
190 Seiten, Mythen, Märchen und Sagen

Der Kult der Schwarzen Madonna - von den einen verdammt, von den anderen verehrt: eine schlichte schwarze Frau mit erhabenem Antlitz. Für viele Frauen und Männer ist sie eine spirituelle Entdeckung geworden, davon zeugen auch die vielen Reisen zu den Stätten der schwarzen „Erdmutter". Wer ist nun diese heilige Frau und was stellt sie dar? Ist sie eine christliche Gestalt oder reichen ihre Wurzeln bis in die Altsteinzeit der „Venus"-Darstellungen?
Die vorliegende Märchen- und Mythensammlung ist nun eine hilfreiche Grundlage, sich von der mündlichen Tradition her diesem Thema zu nähern. Gerade hier finden wir Aspekte einer Göttin und Ahnfrau, die wiederum durch eine matriarchale Mythologie verständlich wird. Mit diesem Buch liegt eine bedeutende Sammlung vor, die zur kulturgeschichtlichen Beschäftigung mit der Schwarzen Frau anregen und die Leserinnen und Leser in ihren Erfahrungen bereichern möchte.

edition amalia

Sigrid Früh (Hg.)
Der Kult der drei heiligen Frauen

Märchen, Sagen und Brauch
220 Seiten, Abbildungen und Zeichnungen

Der Kult der Drei Heiligen Frauen beschreibt die verdeckten Spuren der Grossen Göttin, die sich dreigestaltig in der weissen jungen Frau, in der roten reifen Frau und in der schwarzen weisen Greisin zeigt. Diese dreifaltige Göttin ist in unzähligen Kulturen nachweisbar und verweist auf eine matriarchale Zeit mit einer entsprechenden Ahninnen-Mythologie.

Schwerpunkt des Buches ist der europäische Kulturraum, besonders der lebendige Brauch der Alpenländer Deutschland, Österreich und Schweiz. Dazu kommen Ortsnamen und christliche Kulte, welche die Heiligen Drei Frauen in den Volksglauben und in die Volksfrömmigkeit einbezogen haben. Diese alte weibliche Spiritualität wird für uns heute schrittweise in ihrer Kulturgeschichte wiederentdeckt.

edition amalia

Uno Holmberg
Der Baum des Lebens
Göttinnen und Baumkult

Uno Holmberg
Das Wasser des Lebens
Göttinnen und Wasserkult

John Meier
Der Brautstein
Frauen, Steine und Hochzeitsbräuche

John Kraft
Die Göttin im Labyrinth
Spiele und Tänze im Zeichen eines matriarchalen Symbols

Sigrid Hellbusch, Hermann Baumann, Kurt Derungs
Tier und Totem
Naturverbundenheit in archaischen Kulturen

Heide Göttner-Abendroth/Kurt Derungs (Hg.)
Matriarchate als herrschaftsfreie Gesellschaften

Isabelle My Hanh
Kinder Küche Karma
Die Frau im Buddhismus und Konfuzianismus

Tscheng-Tsu Schang
Chinas Weise Frauen
Heilerin, Schamanin, Priesterin

Kurt Derungs
Der psychologische Mythos
Frauen, Märchen und Sexismus

Kurt Derungs
Amalia oder Der Vogel der Wahrheit
Mythen und Märchen aus Rätien im Kulturvergleich

edition amalia

Mythologisch Reisen Schweiz

Landschaftsmythologie
ist eine neue Sichtweise, Natur und Landschaften zu erkennen. Mit Erfahrung und Wissen aus verschiedenen Gebieten wird eine Landschaft in ihrer umfassenden Kulturgeschichte mythologisch erkennbar. Das Zusammenspiel von archäologischen Funden, Ortsnamen, Mythen, Märchen und Sagen, Riten und Brauchtum ermöglicht es den Teilnehmenden, vertraute Regionen und nähere Landschaften neu zu entdecken.

Jede Reise
ist eine ausgewählte Spezialreise, die sorgfältig geplant und vorbereitet wurde; oft mit jahrelanger Forschungsarbeit verbunden. Angesprochen sind Frauen und Männer ohne Vorkenntnisse, die sich aber kulturgeschichtlich für vorzeitliche Stätten, Landschaften und Kultplätze interessieren. Dazu kommen Hinweise und Erklärungen zu totemistischen und matriarchalen Spuren in einer Landschaft.

Nähere Informationen bei

Edition Amalia
Stadtbachstr. 46
CH-3012 Bern

Tel. (+41) 031 305 14 50
Fax (+41) 031 305 14 51
Email amalia@bluewin.ch

Vorschau

Die ursprünglichen Märchen der Brüder Grimm

Handschriften, Urfassung und Texte zur Kulturgeschichte

Das vorliegende Buch zeigt in einer vergleichenden Gegenüberstellung die „echten" und „wahren", d.h. noch relativ wenig bearbeiteten Zaubermärchen der Brüder Grimm von 1810, 1812 und 1815 – mit manch erstaunlichen Textunterschieden. Wer auch immer mit den verschiedenen Grimm-Märchen arbeiten oder diese einfach vortragen möchte, findet hier die älteren Texte und Fassungen der Zaubermärchen abgedruckt, samt den Originalanmerkungen der Brüder Grimm und weiterführenden Texten zur Kulturgeschichte wie zum Beispiel: „Archaische Naturmotive in den Zaubermärchen", „Märchen und Megalithreligion" oder „Matriarchale Mythologie in den Zaubermärchen".

Die ursprünglichen Märchen der Brüder Grimm
Handschriften, Urfassung und Texte zur Kulturgeschichte
Herausgegeben von Kurt Derungs
Broschur, ca. 300 Seiten
ca. Fr. 40.-- / DM 44.-- / öS 340.--
ISBN 3-905581-08-6
Winter 1999/2000

---

edition amalia

Stadtbachstr. 46, CH-3012 Bern
Telefon (+41) 031 305 14 50
Telefax (+41) 031 305 14 51
Email amalia@bluewin.ch